El Amor Romántico

Cómo mantener encendida
la llama del amor en todas sus etapas

Alicia García

Copyright © 2015 Alicia García

Copyright © 2015 Editorial Imagen.
Córdoba, Argentina

Editorialimagen.com
All rights reserved.

Edición Corregida y Revisada, Octubre 2015

Todos los derechos reservados. Ninguna parte de este libro puede ser reproducida por cualquier medio (incluido electrónico, mecánico u otro, como ser fotocopia, grabación o cualquier sistema de almacenamiento o reproducción de información) sin el permiso escrito del autor, a excepción de porciones breves citadas con fines de revisión.

CATEGORÍA: Relaciones Amorosas/Autoayuda

Impreso en los Estados Unidos de América

ISBN-13:
ISBN-10:

ÍNDICE

Prólogo 1
1 La verdadera importancia del amor............................7
   Descubre cómo los niños ven el amor 11
2 Cómo diferenciar al amor del enamoramiento 15
   Algunas reflexiones sobre el verdadero amor 18
   El amor prohibido 21
3 Amistad y amor..25
   Cómo deshacerte del temor al rechazo 29
4 La ocasión correcta para decir te amo 33
   El lado divertido de decir te amo 36
   ¿Amor Juvenil? 38
   De piso de soltero a nido de amor: haciendo que funcione
   40
   ¡Los amas porque son graciosos! 42
5 Consigue más amor por menos 45
   Envía una carta de amor... 48
   Pon tu amor a prueba: ¿Es amor o enamoramiento?........50
   El amor verdadero 52
   Amor a primera vista: ¿Es posible? 53
6 ¿Amor o dependencia emocional? 57
   Equilibrio entre las emociones y la inteligencia 59
   Secretos para una relación exitosa 61
   ¿Son similares entre sí?.. 62

Volviendo a las raíces del amor y el romance 64
Cartas de amor: Romance desde lo profundo de tu corazón
.... 67

7 Cómo evaluar si tu amor resistirá tiempos difíciles 69

Amor Puro 71
Indicadores para mantener al amor ardiendo en una
relación 72
Regalos creativos e inesperados que le encantarán 74
5 maneras secretas de demostrar amor hacia tu pareja ... 76
Enviando tu amor a través de una florería en línea 78

8 Redescubriendo el amor y la intimidad 83

Maneras de decir "Te amo" 86
Cinco consejos para revitalizar la energía de tu amor 88
Mejora tu relación: 10 maneras de enamorarte
nuevamente de tu pareja 90

9 Consejos prácticos para hombres 95

10 Acciones de amor 100

Estimula el amor con velas de aromaterapia 104
No dejes morir al amor romántico 105
Secretos guardados 106
Cuando estás dudando 107

11 Prueba de amor: ¿Sientes atracción por otra persona?
.... 111

Cómo eliminar los sentimientos de culpabilidad 112

12 Sobreviviendo a un rompimiento: el verdadero amor está en camino 117

Cómo recuperarte cuando un chico no te corresponde . 121
Cómo olvidar a alguien que amas 122

13 Cómo superar un rompimiento para amar nuevamente 125

    Consejos para ayudarte a seguir adelante 127
    Cómo usar los sitios web de citas en línea 128
    Cómo transformar un amor de larga distancia por Internet en una relación normal 131
    Las relaciones de amor mixtas 133

Libro gratis 137

Más libros de interés 141

Prólogo

Esta es la historia de Verónica, una adolescente de 14 años, que junto a su hermana más pequeña, vivía una vida feliz y alegre.

Como sucede con la mayoría de las niñas, ella creció escuchando cuentos de romances eternos, príncipes, princesas, e historias de amores deslumbrantes, por lo que encontrar el verdadero amor dominaba por completo todas sus fascinaciones. Pero algo sucedió un día, y fue que cuando miró a su alrededor y vio cómo sus propios padres no parecían estar enamorados el uno del otro en lo absoluto, eso le dolió profundamente en el corazón. Ella se empezó a dar cuenta de esto especialmente después del trágico accidente que había dejado a su madre en una silla de ruedas.

Verónica había empezado a notar cómo su padre se alejaba de su mamá, pasando cada vez menos tiempo con ella, y también veía que él nunca se acercaba a ayudarla cuando estaba atareada con tareas de la casa o para simplemente recoger las cosas que se le habían caído. A él no parecía importarle.

Verónica empezó a sentirse muy triste por su madre. Se dio cuenta de la forma en que se trataban ahora: ya no había sonrisas amorosas entre ellos y ni siquiera se abrazaban ni se besaban como lo hacían antes. Ya no se hacían compras para adquirir regalos costosos para el otro, ni siquiera en ocasiones especiales como cumpleaños y aniversarios.

No llevaban ropa de lujo cuando salían y ni siquiera se organizaban cenas o salidas como lo hacían los otros padres de sus amigas.

"Creo que simplemente ya no les gusta pasar tiempo juntos", concluyó Verónica. El temor más grande que tenía era que un día se dieran cuenta lo mucho que se odiaban y decidieran finalmente separarse. Ella temblaba ante la idea de estar apartada de su hermana y tener que elegir alguno de sus padres para vivir.

Ella los amaba tanto a los dos, y sólo deseaba que ellos comenzaran a amarse también de igual manera. Ni siquiera podía hablar de estas preocupaciones con su hermana, ya que no quería aterrorizarla comentándole sobre la horrible noticia de lo que ella veía venir.

Y así como algunas veces nuestras peores pesadillas se vuelven realidad, una mañana, cuando Verónica se levantó temprano para alistarse con el fin de irse a la escuela, escuchó algunos ruidos procedentes de la habitación de sus padres. Parece que estaban discutiendo sobre algo.

Cuando se asomó, ella vio a su madre llorando, sentada en un extremo de la cama, mientras su padre estaba ocupado empacando su ropa en una maleta de gran tamaño. "¡No lo puedo creer!" pensó Verónica para sí misma, "está pasando… papá nos va a dejar." Es imposible describir el gran dolor que sintió muy dentro suyo, y corrió a su habitación murmurando en voz baja: "¿Por qué tenía que suceder esto?"

Mientras estaba de pie junto a la ventana, absorta en sus pensamientos, vio a su padre salir con la maleta y caminar hacia el coche.

Ella se apresuró a detenerlo y corrió hacia la puerta, pero para entonces el coche ya había salido de la casa. Ella tenía el corazón destrozado. Se quedó mirando por la ventana de su habitación durante horas sin saber qué hacer, y justo cuando ella se volvía para regresar y hablar con su madre, oyó el coche de su papá estacionando al frente de la casa.

Corrió escaleras abajo tan rápido como pudo y antes de que su padre pudiera decir algo ella se tiró a sus brazos, lo abrazó muy fuertemente y le dijo: "nunca nos dejes de nuevo, papá, te amamos y queremos estar contigo, pero también queremos estar con mamá."

"¿Y qué te hace pensar que las estoy dejando y que no amo a mamá?", le preguntó su padre muy sorprendido.

Secándose las lágrimas, Verónica respondió: "Bueno, tú nunca ayudas a mamá ni tampoco sientes lástima por lo que a ella le está pasando, ni siquiera te quedas en casa como antes lo hacías, ahora la mayor parte del tiempo estás fuera y hace rato saliste con una maleta llena después de pelear con mamá. No me mientas, papá, lo vi todo."

Verónica lloró mucho más luego de haber soltado todo lo que tenía dentro. Fue como un alivio el haber expresado todas sus quejas después de mantener esos pensamientos atrapados muy dentro de ella durante tanto tiempo. "Tienes que amar más a mamá", concluyó.

"¿Y cómo crees que puedo hacer eso?", le preguntó su padre.

"Bueno, no sé, llevarle flores, regalarle un vestido para su cumpleaños, salir con ella y cosas por el estilo, ¿no?" "¿Y tú realmente piensas que eso hará que ella se sienta amada?", le preguntó su papá.

"¿Por qué no?, seguramente hará que se sienta bien", bromeó Verónica. "Exactamente mi punto, mi pequeño amor", le dijo su padre atrayéndola cerca para que pudiera sentarse en su regazo. "Todo eso que has mencionado sólo hará que mamá se sienta bien, pero para hacerla sentir amada tengo que lograr que pueda amarse a sí misma nuevamente, como cuando lo hacía antes de perder una de sus piernas."

"No la ayudo porque no quiero que ella sienta que depende de alguien más, y por eso me quedo más tiempo trabajando, para que mamá pueda elaborar por su cuenta sus propias maneras de sobrellevar la vida diaria, sin ayuda de nadie. No siento pena por ella porque yo no quiero hacerla sentir lástima de sí misma.

Y la razón por la que discutimos y salí de la casa hace unas cuantas horas fue porque ella me pidió que aceptara un viaje de trabajo por el cual me tendría que quedar durante seis meses en otra ciudad. Yo quería rechazarlo porque no quería dejarla durante tanto tiempo sola, pero ella insistió en que lo aceptara, pues sería bueno para mi carrera y para una próxima promoción. La gente a veces discute mucho sólo porque se aman mucho entre sí", sonrió.

Verónica se quedó perpleja, mirando a su padre y tratando de absorber todo lo que él acababa de decir. Se sentía avergonzada por haber dudado de sus padres, de quienes ahora sabía que eran las personas más maravillosas y fuertes que jamás había conocido.

"Pero entonces ¿por qué saliste con una maleta hace unas

horas?", preguntó ella desorientada. "¡Oh, esa maleta tenía ropa y papeles que necesitaba devolverle a un colega mío antes de que fuera a partir en el barco mañana por la mañana."

"¡Así que no vas con ellos!", gritó Verónica, llena de alegría. "Por supuesto que no", le respondió su papá, "no podría vivir estando tan lejos de todas ustedes durante tanto tiempo, porque las quiero muchísimo a las tres", declaró a su padre con una sonrisa.

Esa noche, mientras Verónica estaba en su cama intentando conciliar el sueño, se dio cuenta de que el verdadero amor no se trata de regalos suntuosos, flores delicadas, cenas sorprendentes ni barbacoas de lujo, sino que se trata de vencer las dificultades juntos, ayudándose los unos a los otros a ser una mejor persona, más fuerte cada día y estar ahí para el otro, incluso si estás lejos.

Y esa fue una lección que sabía que recordaría toda su vida.

El amor verdadero crece, y lo hace en etapas a lo largo de nuestra vida. En este libro descubrirás cómo mantener encendido ese amor a medida que vives cada una de las etapas de la vida.

Un amor fuerte y cariñoso es muy necesario. En el caso de Verónica, el amor de sus padres le dio una lección de vida que jamás podría olvidar.

En los siguientes capítulos aprenderás sobre la verdadera importancia del amor y cómo los niños definen este sentimiento. Descubrirás también cómo diferenciar el verdadero amor del enamoramiento fugaz, y las diferencias entre una buena amistad y el amor.

Conocerás a diferentes parejas que cuentan sus historias reales, aprenderás a confeccionar una buena carta de amor y podrás poner en equilibrio tus emociones y sentimientos a la hora de empezar (o mantener) una relación exitosa.

Si ya estás en una relación, te enseñaré cómo evaluar si tu amor resistirá tiempos difíciles, y compartiré contigo varios indicadores para mantener ese amor ardiendo en tu relación.

Tal vez pienses que este es un libro pura y exclusivamente para mujeres, pero no es así. También incluyo consejos prácticos para hombres, como así también varias y diferentes maneras de enamorarte nuevamente de tu pareja.

Si tu relación está al borde del colapso también veremos cómo sobrevivir un rompimiento, cómo recuperar a tu pareja y cómo sobreponerse para lograr amar nuevamente. El libro complementario que incluyo gratis al final puede ayudarte con estos temas.

Prepárate para iniciar un viaje donde el destino será el verdadero amor. Aprenderás mucho de las diferentes historias y experiencias que comparten varias personas, y obtendrás consejo y ayuda para lograr amar con pasión y verdadera entrega a tu pareja.

1

La verdadera importancia del amor

Todos los días nos pasamos la mayoría del tiempo encargándonos de nuestras necesidades físicas. Nos aseguramos de que nuestros cuerpos estén bien alimentados, limpios, bien vestidos, ejercitados y descansados. También nos aseguramos de que la estimulación intelectual y el entretenimiento sean una prioridad. Sin embargo, también pasamos por alto la necesidad más importante: el amor.

Por supuesto, a nivel social, el amor no es ignorado. Los medios de comunicación populares constantemente ponen gran énfasis en lo que tenemos que hacer y cómo debemos lucir para atraer al "amor." Pero ser amado no es una necesidad emocional tan poderosa como el deseo de amar a otra persona.

La necesidad de amar y cuidar a los demás está integrada

biológicamente en nosotros. Esta necesidad es la que hace que los padres renuncien a dormir, comer o incluso a mantener su cordura mientras crían a sus hijos. Esta necesidad es lo que permite a las personas ponerse en riesgo para salvar a otros de desastres naturales y amenazas humanas. Esta necesidad es la que nos hace funcionar como sociedad, tanto a pequeña como a gran escala.

Amar a los demás permite poner las necesidades y los deseos de los demás antes que los nuestros. Por amor muchas veces vamos a trabajar más duro y por más tiempo, a veces en puestos de trabajo que detestamos, con el propósito de proveer para nuestros seres queridos. Por amor vamos a tolerar condiciones que de otro modo serían intolerables, con el fin de cuidar a nuestros seres queridos, ya sean jóvenes o viejos.

El amor significa apreciar, estimar y atesorar. No lastimamos, herimos o causamos dolor a aquellos a los que amamos, sino que tratamos de aliviar su sufrimiento. No se trata de querer a las personas; se trata de querer que sean felices. No se trata de querer poseer o controlar a otros; se trata de querer liberarlos.

John Oxenham describe al amor de esta manera: "El amor siempre da. Perdona, sobrevive y siempre está de pie con las manos abiertas. Y mientras vive, otorga. Ya que estas son las prerrogativas del amor: dar, y dar, y dar..."

El amor es el aceite que permite que la rueda de la vida pueda seguir girando, ya que cuando amamos miramos más allá de nosotros mismos, más allá de nuestras necesidades y deseos. Sacrificamos nuestro tiempo, nuestra energía, nuestros deseos, y a veces nos sacrificamos incluso nosotros mismos por amor. A veces es para una persona o grupo al que conocemos íntimamente y amamos por completo, pero otras veces es para un grupo mayor de personas a las que no conocemos o ni siquiera nos agradan.

El amor es lo que permite a la policía y al personal de los servicios de emergencia enfrentar el peligro. El amor es lo que permite a los soldados arriesgarlo todo. El amor genera héroes todos los días en todos los rincones del mundo. Como Tomás Kempis dijo: "El amor no siente la carga, no piensa para nada en los problemas, e intenta aquello que está por encima de su capacidad ... por lo tanto, es capaz de realizar todas las cosas, y hace muchas, garantizando que éstas tengan su efecto, mientras que aquel que no ama se rendiría por completo ante tales tareas."

La concepción definitiva del amor no se trata de sentirse bien, sino más bien de hacer el bien. Un ejemplo perfecto del amor en acción es la Madre Teresa, que trabajó tanto tiempo y tan duro en favor de otros. Sin embargo, también lo vemos a nuestro alrededor, si lo buscamos. Robert Louis Stevenson dijo: "La esencia del amor es la bondad."

El amor es importante porque sin él la vida no tiene sentido ni propósito. Como dijo Frank Tebbets: "Una vida sin amor es como un montón de cenizas en un hogar abandonado, con el fuego apagado, la risa silenciada y la luz extinguida."

El amor nos permite ser más y hacer más de lo que nunca podríamos sin su poder.

Antes de continuar, permíteme compartir contigo una pequeña reflexión sobre al amor y la vida en pareja que resume lo que veremos en este libro:

Amar a otra persona duele mucho si ese amor no es correspondido como debiera. Pero lo que duele aún más es amar a alguien en silencio y nunca encontrar el valor suficiente para expresar lo que sientes a esa persona.

A veces te preguntas si en realidad Dios quiere que conozcas a unas cuantas personas equivocadas antes de dar con la persona correcta que Él tiene para ti, de esa manera, cuando por fin la conozcas de verdad, sabrás ser agradecido por ese asombroso regalo.

Pero una de las experiencias más tristes de la vida se produce cuando conoces a alguien que para ti lo significa todo, sólo para darte cuenta que no era para ti y que al final lo tienes que dejar marchar.

No te preocupes, pues cuando la puerta de la felicidad se cierra, otra se abre. Lo que sucede es que algunas veces nos detenemos tanto tiempo a mirar aquella puerta que se cerró que no vemos la otra que se ha abierto justo enfrente de nosotros.

¿Has escuchado ese dicho que dice que no sabemos lo que tenemos hasta que lo perdemos? Es cierto, pero también es verdad que no tenemos idea de lo que nos hemos estado perdiendo hasta que finalmente lo encontramos.

El darle todo tu amor a alguien nunca es un seguro de que te amará tanto como tú, así que no esperes a que te amen, lo único que debes esperar es que el amor crezca profundamente en el corazón de la otra persona. Si eso no sucediera, entonces sé feliz porque ese amor creció en el tuyo.

De seguro existen palabras que te encantaría escuchar por parte de la otra persona, pues te gustaría que las dijera, pero que en realidad nunca las escucharás. Lo que sucede es que no las dice con su boca, sino desde su corazón, así que no seas demasiado sordo como para no oírlas.

Jamás digas adiós si todavía quieres intentarlo otra vez, nunca te des por vencido si sientes que todavía puedes seguir luchando por lo que tanto quieres. Nunca le digas a otra persona que no la amas si no estás dispuesto a dejarla ir para que siga su propio camino.

El amor le llega al que espera, aunque lo hayan decepcionado. El amor le llega al que todavía cree, aunque lo hayan traicionado. El amor le llega al que aún necesita amar, por más que antes haya sido lastimado, y también le llega a aquel que tiene la fe y el coraje para construir su confianza nuevamente.

La base del verdadero amor radica en que dejes que aquellos que conozcas sean ellos mismos y que no intentes adaptarlos a tu propia imagen, de lo contrario solo terminarás amando tu propio reflejo en ellos.

Descubre cómo los niños ven el amor

Un grupo de profesionales realizó esta pregunta a un grupo de niños de 4 a 8 años de edad: "¿qué significa para ti el amor?" Las respuestas que obtuvieron resultaron ser más amplias y profundas de lo que nadie podría haber imaginado.

"Cuando mi abuela empezó a padecer artritis ya no se podía agachar para pintarse las uñas de los pies. Así que mi abuelo lo hace por ella todo el tiempo, incluso desde que sus manos empezaron a tener artritis también. Eso es amor." Rebecca – 8 años

"Cuando alguien te ama, dicen tu nombre de manera distinta. Simplemente sabes que tu nombre está seguro en su boca." Billy – 4 años de edad

"Amor es lo que te hace sonreír cuando estás cansado." Terry - 4 años de edad

"Amor es cuando mi mamá le prepara café a mi papá, y ella

toma un sorbo antes de dárselo para asegurarse de que el sabor esté bien." Danny – 7 años de edad

"Amor es cuando besas todo el tiempo. Y cuando te cansas de besar, todavía quieres estar junto a la otra persona, y hablas más de lo normal. Mi Mamá y mi Papá son así. Se ven asquerosos cuando se besan." Emily - 8 años de edad

"Amor es lo que hay en el cuarto donde estás, en Navidad, si por un momento paras de abrir regalos y escuchas." Bobby – 7 años de edad (¡Wow!)

"Si quieres aprender a amar mejor, deberías empezar con un amigo al que odies." Nikka - 6 años de edad. (Necesitamos varios millones de Nikkas en este planeta)

"Amor es cuando le dices a alguien que te gusta su camiseta, aunque la use todos los días." Noelle - 7 años de edad

"El amor es como una pequeña anciana y un pequeño anciano que todavía son amigos incluso tras conocerse mutuamente tan bien." Tommy - 6 años de edad

"Durante mi recital de piano estaba sobre el escenario, asustada. Miré a todas las personas que me observaban, y vi a mi papá saludándome y sonriendo. Era el único que lo hacía. En ese momento descubrí que ya no estaba más asustada." Cindy - 8 años de edad

"Amor es cuando Mamá le da a Papá la mejor porción de pollo." Elaine - 5 años de edad

"Amor es cuando Mamá ve a Papá todo sudoroso y oloroso, y sin embargo le dice que es más atractivo que Robert Redford." Chris - 7 años de edad

"Amor es cuando tu cachorrito lame tu cara aunque lo hayas

dejado solo todo el día." Mary Ann - 4 años de edad

"Sé que mi hermana mayor me ama porque ella me da todas sus ropas viejas, y por eso tiene que salir a comprar nuevas." (¡ESTO es amor!) Lauren - 4 años de edad

"Cuando amas a alguien, tus pestañas suben y bajan y pequeñas estrellas salen de ti." (¡Qué imagen!) Karen - 7 años de edad

"Amor es cuando Mamá ve a Papá en el retrete y no piensa que es desagradable." Mark - 6 años de edad

"No deberías decir "te amo" si no lo sientes. Pero si lo sientes, deberías decirlo mucho. Las personas suelen olvidarse." Jessica - 8 años de edad

Y la última...

Una vez, el autor y profesor Leo Buscaglia habló acerca de un concurso al que fue invitado como jurado. El propósito del concurso era el de encontrar al niño más cariñoso. El ganador fue un niño de cuatro años, cuyo vecino era un anciano que recientemente había perdido a su esposa.

Al ver llorar al hombre, el pequeño niño fue hacia su patio, se trepó a su falda, y simplemente se sentó allí. Cuando su madre le preguntó qué fue lo que le dijo al vecino, el niño dijo: "Nada, solamente lo ayudé a llorar."

2

Cómo diferenciar al amor del enamoramiento

Es el amor el que inicia la unión entre un hombre y una mujer, y lo que los lleva finalmente a casarse. Antes de tomar esta decisión tan importante en sus vidas, todo parece estar en un ensueño, con todas las bondades y la dulzura que cualquier pareja puede experimentar.

Cuando la pareja se casa, es ese mismo amor el que teóricamente los mantendría juntos, es ese amor el que hará que su lazo esté más fortalecido que nunca y que su vida de ensueño sea transformada en realidad.

El amor que mantiene a dos personas juntas es ahora un problema. Esto es porque algunas personas ya no creen que el amor exista en su verdadera manifestación debido a los numerosos casos de divorcios que la sociedad está enfrentando en la actualidad.

Sólo en los Estados Unidos, se estima que cerca de 12.326.369 de las mujeres y 9.032.100 de los hombres están divorciados de sus compañeros. Esto es de acuerdo con el reporte estadístico conyugal del año 2000 de los Compañeros de Divorcio de Michigan.

Este hecho sirve para demostrar que muchas personas tienden a casarse sin darse cuenta del verdadero sentido de estar enamorado.

Por lo tanto, la realidad se remonta a los claros signos de amor. La razón por la cual muchas personas fracasan en sus relaciones se basa en el hecho de que ellas pensaban que estaban enamoradas, pero la verdad es que nunca lo estuvieron.

Entonces, para aquellos que deseen poder diferenciar al amor del enamoramiento, los cuales son considerados como lo mismo por muchas personas, aquí hay una lista de los signos reales del amor verdadero.

1. De repente tomas interés por las cosas que solías detestar. Una persona puede afirmar que está enamorada si es capaz de aceptar las cosas que solía menospreciar. Esto es cuando todo parece tan positivo que no hay nada inmediato que pudiera arruinar lo que tienes con la persona a la que amas.

Sin embargo, esto no sucede de un momento al otro. Esto tiene que formar parte de un proceso durante el cual todavía odias hacer lo que desprecias, incluso si ya estás en una relación. Pero tan pronto como hayas aprendido a amar, todo cambiará. Las cosas se verán más brillantes, y todos los desafíos parecerán fáciles de soportar.

2. Aprendes a valorarla. El aceptar y el dar algo de valor son dos

cosas distintas. Si estás realmente enamorado es más fácil para ti sentir que realmente valoras a la persona y no sólo porque querías permanecer a su lado y sacrificar todo por ella.

El amor siempre querrá encontrar tiempo y formas para hacer feliz a su pareja. Para un gran amante, su prioridad será el hacer feliz a su pareja, y esto debe estar por encima de sus sentimientos personales.

3. Estás enamorado si puedes, con los ojos bien abiertos, aceptar a la persona que amas sin importar qué o quién sea.

Sentirse amado es garantía suficiente de que eres aceptado porque eres tú mismo, y no por cualquier otra cosa que se relacione contigo. Si estás realmente enamorado de la persona que realmente te gusta, puedes comportarte ante ella libremente sin sentirte incómodo con la situación.

4. Estás enamorado si entiendes a la persona que más te importa. Para sentirte amado también debes sentir que estás siendo entendido por los demás, y que cada amor debería ser capaz de darte el libre albedrío de elegir lo que es correcto o no.

Estás enamorado si estás dispuesto a aceptar lo que sea de la otra persona sin importar qué o quien sea. Deberías ser capaz de considerar sus pensamientos y sentimientos incluso si no estás de acuerdo con ellos en algún punto. Y si estás siendo amado en el verdadero sentido de la palabra, entonces sabes que la otra persona hará lo mismo por ti.

5. Estás enamorado si sabes que realmente te preocupas mucho por esa persona tan importante.

El verdadero amor sirve como garantía de que la persona a la que amas se mantendrá fiel a ti sin importar qué. Estás realmente enamorado si sabes que estás dispuesto a sacrificar tu vida sólo para salvar a tu pareja.

Estás enamorado si sabes que a pesar de las imperfecciones y faltas de tu pareja, nunca la pondrás en vergüenza delante de otras personas. Al contrario, le hablarás en privado y seriamente para preguntarle qué ha ido mal.

De hecho, el amor puede ser muy confuso para la gente que no sabe lo que realmente significa. Muchas personas consideran al enamoramiento o incluso a la atracción física como amor, pero no hay nada más alejado de la realidad.

La cuestión aquí es que para saber si estás realmente enamorado, debes amar a la otra persona más allá de la atracción física, la lujuria o el apego. Estas son las tres etapas del amor. Por lo tanto, si has sido capaz de superar estas etapas, entonces realmente debe ser amor.

Algunas reflexiones sobre el verdadero amor

Un día, un joven se enamoró perdidamente de una muchacha, pero el chico venía de una familia pobre, así que los padres de la joven no estaban muy contentos.

Por esta razón el joven decidió no sólo cortejar a la chica, sino también a sus padres. Con el tiempo los padres vieron que efectivamente era un buen hombre y como tal, era digno de la mano de su hija.

Pero había otro problema: El joven era un soldado. Pronto se desató una horrible guerra, y no pasó mucho tiempo antes que se enterara que estaba siendo enviado al extranjero durante un año. La semana antes de irse, el joven se arrodilló y le preguntó a su amada: "¿Quieres casarte conmigo?" Ella se limpió las lágrimas, dijo que sí, y desde ese día se comprometieron. Acordaron que cuando él volviera en un año se casarían.

Pero la tragedia golpeó fuertemente la familia de la joven. Pocos días después de que el soldado partió, la chica tuvo un grave accidente vehicular. Fue una colisión de frente. Cuando se despertó en el hospital, vio a su padre y a su madre llorando. Inmediatamente ella supo que algo andaba mal.

Más tarde se enteró de que sufrió una lesión cerebral. La parte de su cerebro que controla los músculos de su cara estaba muy dañada. Su otrora hermoso rostro estaba ahora desfigurado. Su grito fue desgarrador cuando se vio a sí misma en el espejo. "Ayer era hermosa… pero hoy soy un monstruo." Su cuerpo también estaba cubierto de muchas heridas y cicatrices.

Allí mismo decidió liberar a su prometido de su compromiso. Ella sabía que él no querría estar con ella nunca más, así que determino olvidarse de él y nunca volverlo a ver. Durante un año el soldado escribió muchas cartas, pero ella simplemente no contestaba. También le llamó incontables veces, pero ella tampoco devolvía sus llamadas.

Pero después de un año, la madre entró en su habitación y anunció: "Ha vuelto de la guerra."

La chica gritó: "¡No! Por favor, no le digas nada sobre mí. ¡No le digas que estoy aquí!"

La madre le dijo: "Él va a casar", y le entregó una invitación de boda. El corazón de la muchacha se estremeció. Sabía que aún lo amaba, pero ahora tenía que olvidarlo.

Con gran tristeza abrió la invitación de la boda. Y entonces se sorprendió al ver su nombre impreso en la tarjeta. Confundida, alzó la vista y le preguntó a su madre: "Pero, ¿qué es esto?"

Fue entonces cuando el joven entró en su habitación con un ramo de flores. Se arrodilló a su lado y le preguntó: "¿Quieres casarte conmigo?"

La chica rápidamente se cubrió la cara con las manos y le dijo: "¡Pero si soy tan fea!"

El joven soldado le dijo: "Sin que lo supieras, tu madre me envió tus fotos. Cuando las vi me di cuenta de que nada había cambiado. Aún eres la misma persona de la que me enamoré. Todavía eres tan hermosa como siempre. ¡Porque te amo!"

Si piensas que el amor se te acerca, no lo rechaces pensando que no eres merecedor de él. Lo mereces, de lo contrario ese amor nunca se te hubiera cruzado por tu camino.

He escuchado a la gente decir que el amor sanará al mundo, pero creo que eso no es del todo cierto. Es practicar el amor lo que verdaderamente curará al mundo. Por eso debemos amar, poniendo en práctica el amor. Amar es expresión. Amar es acción. Amar es tener conciencia de dar a otros. Amar es movimiento que nunca se detiene.

Por eso hay cierta parte de egoísmo en aquella persona que dice: "¿Y cuándo me toca a mí?" Al escuchar ese tipo de preguntas sé que el ego está hablando. El verdadero amor es siempre incondicional, esa es la forma más pura del amor, pues no hay ataduras, tampoco existen condiciones, y ciertamente no existe expectativa alguna de recibir nada. En este tipo de amor el dar es puro, porque si das el ciento por ciento de lo que tienes y amas íntegramente, entonces no necesitas recibir nada a cambio. Si amas de esta manera puedes sanar cualquier cosa y curar a quien sea.

Al actuar desde el corazón, donde está ubicado el centro del amor, no lo haces desde la mente ni tampoco usando tus emociones. Tampoco actúas desde el ego, intentando controlar a los demás o forzarlos para que hagan algo que tú quieres.

Por eso da amor. Siempre. Da en silencio y con gratitud. No hace falta que le digas a la gente lo que haces. En lugar de eso, fortalécelos y sánalos con tu amor, pues ese es el mejor regalo que puedes ofrecer.

Si de verdad quieres amor puro, entonces dirige tus pasos hacia donde reside ese amor puro. El amor puro es Dios, pues sólo Él es amor. Déjalo que entre en tu el alma, entonces todo ese amor estará dentro de ti, inundándote y sanándote para que así puedas compartir lo que tienes con los demás.

El amor prohibido

Supongamos que piensas que has conocido al chico o a la chica perfecta. Esa persona parece ser justo lo que estás buscando. Estás feliz y te sientes como si estuvieras flotando en el aire. No hay nada que se pueda comparar con la sensación que estás experimentando. Nunca habías sido tan feliz en tu vida. Te sientes más realizado, y tu vida parece ser perfecta y completa.

Decides que quieres presentar a tu nueva pareja ante tu familia. Ya que amas y aprecias tanto a esta persona, es imposible que tu familia no la quiera, ¿verdad? Esta es una creencia errónea que la gente -especialmente los adolescentes y adultos jóvenes- se engaña a creer.

Ellos piensan que esta persona, que a sus ojos es perfecta, va a ser perfecta a los ojos de todos los demás. No tienen perspectiva. Simplemente ven lo que está justo delante de ellos. Están cegados por el amor, y esto sucede a menudo.

Después de llevar a tu pareja a conocer a tus padres y compartir una cena que se siente algo incómoda, despides a tu cita y regresas a tu casa. Inmediatamente empiezas a exigirles a tus padres una explicación de por qué fueron tan fríos y hostiles con tu nuevo amor.

Quieres saber por qué no la ven como la persona cariñosa, afectuosa y perfecta que tú ves. Tus padres te llevan hacia el living y te hacen sentar para que te puedan explicar todo el asunto.

Tu nuevo amor está sin trabajo. No tiene medios como para poder cuidarte y mucho menos apoyarte en los proyectos que dices tener. Tu padre quiere que estés con alguien que pueda cuidar de ti y que te trate de la manera en la que él siente que deberías ser tratado.

Este nuevo amor no tiene objetivos ni tampoco deseos. No va hacia ningún lado en la vida. Tus padres ven a esta persona como a alguien que te limitará en tu vida. Te va a arruinar. Siente que no vas a poder alcanzar tu verdadero potencial al lado de esta persona.

Estas son algunas de las preocupaciones más comunes que tienen los padres y que generalmente expresan concernientes a una nueva relación. Deberías tomar lo que te dicen en serio y analizarlo todo desde un punto de vista neutral. Si sientes que están equivocados, entonces puedes presionarlos para que te den su aprobación. Demuéstrales que no estaban en lo cierto.

Haz que se den cuenta de que se equivocaron acerca de esta persona. Habla con tu pareja acerca de sus objetivos y sueños para con su vida. Ayúdala a encontrar un lugar significativo en la vida. Ayudándola a tener éxito estarás experimentando el éxito tu mismo. Les estarás mostrando a tus amigos y familiares que puedes tomar buenas decisiones y que estás en lo correcto con respecto a lo que quieres.

Sin embargo, si encuentras que lo que tus padres dicen es cierto, y no crees que puedas cambiarlo, sé amable cuando termines la relación con esta persona. Lo peor que puedes hacer es no ser honesto y nada más repetir exactamente lo que dijeron tus padres.

Esto puede ser muy doloroso y devastador para la persona que está siendo dejada a un lado. Haz de esto lo más indoloro y fácil que puedas. Esto les ayudará a ambos a recuperarse más fácilmente de la pérdida.

3
Amistad y amor

"Él era mi mejor amigo... en quien siempre podía confiar. Mis secretos se mantenían seguros con él, consentía mi infantilismo y me aceptaba por quien yo era. Yo fui una de las pocas que conocía su verdadero lado emocional. Nuestros padres sabían que nos veíamos seguido, así que si no me encontraban en mi casa sabían que yo iba a estar con él y viceversa.

Nunca comprometimos nuestra amistad con cualquier otra cosa. Mis sentimientos hacia él crecieron muy fuertes, por lo que nunca entendí cuando se convirtieron en amor, así que cerré todas las puertas de mi corazón por temor a perderlo para siempre. A menudo nos intercambiábamos un 'Te quiero', pero nunca fue nuestra intención cruzar las fronteras de nuestra amistad. Él nunca me hizo sentir incómoda ni tampoco insegura.

Él solía decir: "Aunque las tormentas más crueles nos golpeen, nuestro vínculo de amistad nunca será destruido, porque yo

estaré a tu lado por siempre y para siempre, esa es mi promesa...
No puedo vivir sin ti."

Cada una de sus palabras sonaban reales. Quería verlo feliz. Su encanto estaba allí, en su sonrisa, en su amplia y melódica risa. Yo sabía que lo amaba. A medida que la vida universitaria comenzó a llenar nuestras vidas, nos encontrábamos más y más ocupados: nuevos amigos, nuevas prioridades, pero nada afectaba nuestra amistad. Siempre nos tomábamos algo de tiempo para platicar aunque sea unos minutos.

Entonces un día me habló de su amiga "Flor." Me dijo lo dulce que era y lo bien que se sentía en su compañía. Pronto nuestra conversación no era más que Flor de aquí y Flor de allá. ¡Ay! Al principio me dolió mucho, pero pronto me di cuenta de que él estaba tranquilo, contento y feliz con ella. La gente dice que el amor verdadero desea que el otro sea muy feliz, el problema es cuando tú no formas parte de la ecuación. Nunca le dije nada de lo que en realidad sentía, pues con el tiempo el miedo al rechazo aumentó.

Un día, él simplemente me dijo: "No puedo vivir sin Flor."

Esas palabras me atravesaron como agujas... porque en alguna ocasión fueron solo para mí. De pronto había perdido todas mis esperanzas, los sueños en los cuales él formaba parte se hicieron añicos. Cuando estábamos en nuestro último año, me dijo que él le propuso casamiento y que ella dijo "sí.". Los siguientes segundos luego de escuchar eso parecieron años, fue como que quería quedarme sorda. Pero alcancé a limpiarme las lágrimas y lo felicité. Alguien ha dicho con mucha razón: "La recompensa por un verdadero amor no es amor."

Después de la graduación, me dijo que Flor quería casarse con él, y yo le dije que era inmensamente feliz porque él había amado la persona adecuada, quien tuvo el coraje de asumir el riesgo y decirle lo que sentía. Esa noche no pude dormir pensando en que no iba a tener el final perfecto con él. Miré hacia atrás y pasé por toda nuestra amistad y por los maravillosos momentos que iluminaron de sonrisas mi cara. Me pregunté qué hubiera pasado si le hubiera dicho acerca de mis sentimientos para con él y hubiéramos perdido nuestra amistad. Tal vez no me habría quedado con estos recuerdos que ahora podía atesorar para toda la vida.

Al día siguiente me dijo que Flor le había pedido, si realmente él estaba dispuesto a casarse con ella, que fuera a conocer a sus padres. Me preguntó qué tenía que hacer. Y yo sabía que era ahora o nunca. También sabía que si él me dejaba ahora era para iniciar toda una nueva vida y que si se quedaba tal vez se arrepentiría toda su vida de perder a la mujer que amaba.

Lo miré directamente a los ojos y lo abracé. Por primera vez en mucho tiempo sentí sus tibias lágrimas caer. Le di un beso en la mejilla. Él se sorprendió, tal vez finalmente vio el amor en mis ojos y preguntó: "¿Estás...?" Pero interrumpí su pregunta y le susurré al oído: "Ve"

Le dije que iba a ser por siempre un amigo en mi corazón. Vi su encantadora sonrisa por última vez. Lo dejé ir para mantener sus recuerdos atesorados por siempre no sólo en mi corazón, sino también en el suyo, y sin echar a perder nuestros recuerdos.

Esta historia no es tan rara. Muy a menudo perdemos a nuestro amor por miedo, pero quedan dentro nuestro los recuerdos tan importantes que hemos adquirido a lo largo de esos años y que podemos atesorar para siempre sin lamentarnos por lo que ha sucedido.

Amistad y amor. ¡Tienen tanto en común y son sin embargo tan distintos! ¿Qué diferencias hay entre la amistad y el amor? ¿Una amistad platónica es posible entre individuos del sexo opuesto? Vamos a verlo en detalle.

¿Qué es la amistad? ¿Por qué llamamos a alguien nuestro amigo? ¿Cuándo los llamamos buenos amigos? Si nos importa una persona, si estamos siempre listos para ayudarla y si compartimos la mayoría de nuestros pensamientos con ella, entonces es un buen amigo. Siempre podemos contar con nuestros buenos amigos en una emergencia. Estamos siempre seguros de que nuestro amigo entenderá por qué actuamos de tal o cual manera. No necesitamos explicar nada a nuestros muy buenos amigos. La amistad es tan profunda y la relación tan íntima, que la mayoría de las cosas son entendidas automáticamente por ellos.

¿Y qué hay del amor? En una relación de amor profundo, todo el intercambio mental sobre el que discutimos anteriormente se da por sentado. Pero el amor trasciende todo esto. En el amor estamos ligados a una persona en particular; en la amistad, uno puede tener varios amigos. Una relación amorosa vuelve a uno tan ligado a la otra persona, ¡que uno siente dolor si la otra persona es lastimada! El amor también involucra el factor físico. La amistad no posee eso. Esta es una diferencia vital. La naturaleza nos da el amor para que la especie pueda perpetuarse en el futuro. La naturaleza no nos da la amistad.

Los latidos de tu corazón nunca aumentarán cuando estas esperando encontrarte con tu amigo. No permanecerás despierto a la noche pensando en tu amigo. No te sentirás totalmente perdido si no ves a tu amigo por unos días. No soñarás despierto pensando en tu amigo. Pero en el amor, harás todo esto y mucho más. De hecho, no hay comparación entre el amor y la amistad.

"Aprendemos a amar no cuando encontramos a la persona

perfecta, sino cuando llegamos a ver de manera perfecta a una persona imperfecta." Sam Keen (1931-?) Escritor, profesor y filósofo americano.

Cómo deshacerte del temor al rechazo

En la historia anterior vimos que la mujer que la escribió nunca se animó a confesarle todo su amor a su amigo. El miedo al rechazo o a experimentar el rechazo en el amor puede inhibir a muchas personas de tener relaciones completas y realizadoras. Hay varias razones por las cuales uno podría temer al rechazo y optar por estar solo. Sigue leyendo para entender por qué un individuo desarrolla tal fobia y cómo superar este tipo de sentimientos:

Las causas

Apego: Una razón por la que podrías temer al rechazo es cuando te vuelves muy apegado a otra persona. Cuando esto sucede la gente normalmente asocia toda su alegría con esa otra persona. Entonces es natural que tengas miedo de perder a este individuo. El apego muy intenso puede provocar miedo a la pérdida y al rechazo.

Deseo: Mientras más buscas la aprobación de una persona, más sensible te vuelves a sus gustos y aversiones. A menudo la gente hará lo que sea para conseguir la aprobación de la persona que desean. Esta persona podría ser alguien por el cual sientes una atracción especial o incluso un miembro de la familia o amigo. Cuando buscas tanto la aprobación de alguien y esa persona no es sensible para con tus sentimientos, esto podría causarte la sensación de que estás siendo rechazado.

Un Único Amor: Muchas personas viven su vida pensando que

hay solamente un único amor, y cuando pierden a esa persona, sienten que su mundo se ha terminado.

En una ocasión, llegué a un modesto hotel donde debía dar una plática, y me sorprendió no encontrar a nadie en el hall de entrada ni tampoco en el recibidor, para asistirme en el proceso de check-in.

Luego de mirar alrededor por unos minutos, vi que venía hacia mí un hombre muy bien vestido, el cual, apurando su paso, se acercó y me saludó, Me dijo lo siguiente: "Perdón el retraso, mi asistente tuvo una situación familiar a la que tuvo que asistir inmediatamente, así que estoy solo para hacer casi todas las tareas."

Ese mismo día me explicó que el hijo de su asistente, de tan solo 18 años, se había quitado la vida la noche anterior. Ante mi sorpresa, y luego de inquirir sobre las razones, me dijo que su novia lo había dejado.

No podía creer, y hasta el día de hoy me cuesta, que un muchacho tan joven vea su vida acabada simplemente por un amor que aparentemente se termina. Ese chico no pensó en su madre, no pensó en sus hermanos, en todo el sufrimiento que iba a causar, y mucho menos pensó en el futuro que tenía por delante.

Esa idea de creer que hay tan solo una única persona en este mundo para ti puede ser enfermiza. Si pierdes a esa persona a la que consideras tu alma gemela, podrías sentir rechazo y no querer volver a experimentar tales sentimientos otra vez, pero ¡tu vida continúa! Estarás perdiéndote muchas buenas oportunidades si solamente decides encerrarte y aislarte de los demás.

Cómo superar el miedo al rechazo

Está bien temer al rechazo, y existen maneras de lidiar con este miedo. Las siguientes son algunas maneras de superar ese miedo:

Sigue la regla de auto-selección: Sé la persona que realmente quieres ser, y dile a los demás acerca de tus verdaderos sentimientos y pensamientos de una manera más asertiva. Aunque puedas temer que a los otros tal vez no les guste quién eres realmente y te rechacen, eso es bueno.

Ser abierto divide a las personas entre los que son adecuados para relaciones más cercanas y los que no. Si te muestras honesta y abiertamente desde el principio, atraerás a la clase correcta de personas de manera mucho más rápida. La mayoría de la gente prefiere la honestidad, el amor propio y la confianza en uno mismo que se revela con sinceridad, así que podrías resultar más atractivo a más gente.

No esperes lo mismo a cambio: Otra buena manera de lidiar con el miedo al rechazo es prestar atención a tus propias palabras y acciones más que a las de otros. Sólo porque eres sensible para con los sentimientos de otras personas no esperes lo mismo viniendo de los demás. Muchas veces te decepcionarás con las reacciones de otra persona hacia ti, pero no lo tomes tan a pecho ni tampoco te entristezcas. Tan sólo continua siendo tú mismo y seguramente cosecharás los beneficios.

Amigable con la gente: La gente que teme al rechazo encuentra muy difícil el acercarse a alguien que le gusta. Intenta incrementar tus niveles de confianza y no te acerques a alguien pensando que de todas maneras va a decirte "no". Sé positivo. De esta manera tu personalidad irradiará energía positiva buena, la cual es difícil de resistir, y esto podría ayudarte a superar muchas de las inhibiciones a las que te estás enfrentando a la hora de intentar iniciar nuevas relaciones.

Para lograr esto (y mucho más) te recomiendo el libro "Cómo desarrollar una personalidad dinámica", del autor Josué Rodriguez, también de esta editorial. Te ayudará a lograr esa confianza que necesitas para atraer a la gente correcta hacia ti.

Romance: A menudo las personas no se expresan de manera romántica porque tienen miedo de lo que su pareja pueda pensar. Este es especialmente el caso de alguien que tiene miedo de ser juzgado o rechazado. Si tu pareja es de esa clase de personas que se siente insegura y tiene miedo al rechazo, necesitas manejar el asunto de una manera creativa. Haz que tu pareja entienda que él o ella no tienen nada que temer, y planea una velada romántica. Una cena a la luz de las velas es la manera más segura de expresar tu preocupación por él o ella.

"Y para estar total, completa, absolutamente enamorado, hay que tener plena conciencia de que uno también es querido, que uno también inspira amor." Mario Benedetti (1920-2009) Escritor y poeta uruguayo.

4

La ocasión correcta para decir te amo

Rebeca nos comparte brevemente su historia: "Habíamos estado saliendo durante casi un mes, y yo estaba de visita en casa de mi familia para las fiestas. Estuvimos hablando por teléfono durante aproximadamente una hora, y él se rió de algo que dije y largó: "Oh, Dios mío, te amo." Lo dijo de tal manera que sabía que era parte de la broma, sin embargo era al principio de nuestra relación, así que fingí que no lo escuché, pero me di cuenta que yo estaba enamorada. Cuando él me recogió en el aeropuerto unos días más tarde, le pregunté: "¿De verdad quisiste decir eso la última vez que hablamos?" Él me dijo que fue un desliz, pero que sí, que en realidad lo sentía, por eso lo dijo en ese momento. Hemos estado juntos desde entonces."

Algo parecido le pasó a Gabriela, quien nos cuenta: "Habíamos estado saliendo durante unas pocas semanas, y nos fuimos a una clase de salsa y bachata. A pesar de que tuvimos que cambiar de pareja por el bien del grupo, no podíamos dejar de mirarnos el uno al otro. Estábamos pasando el mejor de los momentos, y en una ocasión, cuando yo estuve a punto de caer, él me agarró, y mirándome a los ojos susurró: "Te amo." Debo haberme puesto tan roja como el vestido que llevaba puesto, pero sin dudarlo se lo dije también a él. Todavía existe esa chispa el día de hoy y tenemos muchos proyectos juntos."

Decir "te amo" por primera vez es una de las cosas más dulces que una persona puede decir en su vida, y escucharlo por primera vez es una de las mejores experiencias que uno podría tener, más específicamente si el sentimiento es mutuo. Sin embargo, hay riesgos involucrados al decir "te amo", y si no se hace apropiadamente, todo se irá por el desagüe a partir de ese momento.

La sincronización es uno de los elementos esenciales a la hora de expresar el amor que sientes hacia la otra persona. Saber cuándo expresar el amor que uno siente puede "sellar el contrato" entre dos amantes potenciales.

Aquí hay algunas cosas que deberían ser tomadas en cuenta cuando se está planeando profesar el amor hacia otra persona:

Buena disposición: Decir "te amo" llevará a una persona hacia nuevos horizontes. La mayoría de las veces, decir "te amo" implica estar dispuesto a comprometerse. Demuestras tu amor con la actitud de que estás listo para aceptar nuevos desafíos y compartir tu vida con alguien más. El proceso no debería realizarse a la ligera.

Una evaluación de tu disposición para entrar en una relación es un requisito previo para decir "te amo." Todas las facetas deben ser tenidas en cuenta, ya que el compromiso implica tiempo y esfuerzos adicionales, como así también una disminución en los beneficios que uno recibe como individuo.

¿Realmente lo amas?: Una evaluación cuidadosa de los sentimientos también se debe hacer antes de decir "te amo." Cuando las personas están teniendo citas, sus sentimientos se mezclan a menudo, y un sentimiento puede ser interpretado como otro. Los sentimientos de enamoramiento, admiración y deseo pueden convertirse en sinónimos de amor, especialmente cuando la relación pasa por su momento más apasionado.

Uno debe preguntarse si realmente ama a la otra persona miles de veces antes de expresar ese amor. Suena como un cliché, pero esto se debe hacer para evitar cometer errores.

Consecuencias: Hay que evaluar el peso de las consecuencias que pueden surgir tras decir "te amo." Hay momentos en que lo que hay que hacer es no decir nada en absoluto. A veces, estar en silencio sobre los propios sentimientos es una manera de manifestar amor verdadero.

Muchas personas se enamoran de personas casadas. Este es un ejemplo clásico que puede ser usado para describir la importancia de la ponderación de las consecuencias de decir "te amo." Abstenerse de decir esas dos palabras podría ser lo correcto en este tipo de situación.

Lee sus pensamientos: Al decir "te amo" uno debe estar listo para cualquier respuesta que pueda dar el que escucha. Tal vez no todas las relaciones pasen de la etapa del "te amo", pero hay relaciones que realmente se pueden beneficiar del "te amo" expresado en la ocasión correcta y en el momento justo.

Si uno siente que el sentimiento es mutuo, esta es una buena señal para continuar. Pero por supuesto, la evaluación de los pensamientos de las chicas se debe hacer con honestidad, para no generar una situación forzada.

El momento: Cuando todas las evaluaciones se han hecho, todo se reduce al tiempo. Si se quiere decir "te amo" a otra persona, sería mejor que se realice adecuadamente como para generar una buena impresión, y para mostrar sinceridad al decirlo. Hay varias cosas que deben ser tenidas en cuenta durante la planificación para este momento. El horario, lugar y ambiente deberían estar preparados como para obtener el mejor resultado. Practicar frente a un espejo puede parecer patético, pero sin duda ayudará.

Estate listo para su respuesta: Decir "te amo" es un momento muy emocionante, y los riesgos que ello conlleva se suman a esta emoción. Cuando alguien dice "te amo", debe estar preparado para tomar cualquier respuesta que pueda recibir. No todas las historias de amor terminan en finales felices. Piensa acerca de las posibles situaciones que pueden ocurrir después de decir "te amo." La respuesta puede traer la felicidad máxima o un dolor aplastante para la persona que expresa su amor. Ten cuidado y aprende a aceptar los sentimientos de la otra persona.

Decir "te amo" puede ser una tarea intimidante. Una gran cantidad de preparación es necesaria para ser capaz de llegar a ese momento que podría llegar a dar lugar a una nueva relación. No todas las cosas suceden de acuerdo a los planes, pero no importa lo terrible que sea la manera en la que expresas tu amor; realmente no debería importar siempre y cuando seas sincera y sepas lo que estás haciendo.

El lado divertido de decir te amo

Amor, ese sentimiento que hace que una persona se sienta como nueva, flotando entre las nubes. Amor, ese sentimiento que cambia la vida en un instante. ¿No hemos oído hablar de amor a primera vista? Esa persona que se levanta dispuesta a vivir un día como cualquier otro, pero llega con una mirada profunda y soñadora en sus ojos para el momento en el que llega la noche. ¿Qué pasó? ¿Él/ella se enamoró durante el día y ahora no sabe qué hacer?

La primera manifestación de tales personas es el ensueño. Tienen sueños durante la noche y con mayor frecuencia durante el día. Pierden toda la atención en su trabajo y el único compromiso que les queda es pensar en su nueva relación romántica. Entonces comienza la planificación: ¿dónde reunirse de nuevo? ¿Cómo encontrarse con esa persona encantadora otra vez? ¿A través de amigos, o qué? Depende del lugar en donde este amor fue encontrado por primera vez.

Después de verlo un par de veces más, se profundiza el amor y los sueños se hacen más frecuentes. Pero al mismo tiempo, el miedo se establece; ¿qué pasa si la otra parte se niega a corresponder? ¿Qué pasa si no le gusto a esa persona? Así que se le da una atención inmediata a las apariencias. "¿Qué pasa si esta persona ya está enamorada de alguien? Eso sería horrible. No debo pensar en eso en absoluto. Y si se trata de eso; moveré cielo y tierra para ganar su amor."

Y la pregunta final. ¿Cómo puedo decir Te Amo? ¿Debería enviar una carta con flores? ¿Enviar el mensaje a través de algún amigo? ¿Debería encontrarme con esa persona y decírselo de frente? ¿Qué tal si envío una carta anónima diciendo que tal o cual está locamente enamorado de esa persona? ¿Debería antes pedirle una cita, demostrar mi amistad y recién ahí pensar acerca de mi "propuesta"? Uno sigue pensando en tantas alternativas hasta que de repente un día, surge muy naturalmente: te amo. ¿Y tú? Y la respuesta es "Yo también te amo desde la primera vez que te vi, pero no sabía cómo decirlo."

Mira lo que le sucedió a Laura: "Mi novio tenía que hacer un largo viaje debido a su trabajo, así que decidí acompañarlo al aeropuerto. Habíamos estado de novios por algo más de dos meses, pero en ese mismo momento supe que nunca me había sentido tan fuertemente atraída a alguna persona como lo sentía con él, y yo sabía que estaba enamorada. Así que le dejé una nota escrita a mano debajo de la almohada como un "regalo" de despedida, pues no me atrevía a decir esas dos, por miedo de poner alguna presión indebida sobre él y asustarlo. Cuando las puertas del aeropuerto se cerraron después de mí, y luego de decirle adiós con varios besos, me sentía como con una carga bastante pesada.

Después de pasar unas dos horas infernales atrapada en el tráfico de la hora pico de mi ciudad, por fin llegué a casa. Fue entonces cuando recibí una copia escaneada de una carta escrita a mano de él; que necesitaba con urgencia decirme algo y quería hacerlo en la forma de una carta, pero no podía esperar a que el correo normal la enviara. Y allí, en esa primera carta de él, estaban esas dos palabras mágicas: "Te amo." Más tarde los dos nos encontramos en Skype y por supuesto, le respondí también con esas dos palabras.

"El amor es el significado ultimo de todo lo que nos rodea. No es un simple sentimiento, es la verdad, es la alegría que está en el origen de toda creación." Rabindranath Tagore (1861-1941) Filósofo y escritor indio.

¿Amor Juvenil?

Aquí en el mundo occidental estamos obsesionados con la juventud. Nuestros medios de comunicación están saturados con imágenes de aquellos jóvenes, hermosos y felices rostros que nos venden productos con la promesa de que vamos a ser como ellos, tan sólo comprando aquella crema facial, o ese automóvil, o la póliza de seguro.

La ecuación fantástica y circular en la que se basa esta falacia generalmente es: juventud = belleza = éxito = conveniencia = amor = felicidad = juventud, etc. Tan sólo con mirar a nuestros iconos del romance se visualiza el vínculo indisoluble que existe entre la juventud y el romance.

De hecho, dos de nuestros iconos románticos más famosos, Julieta y Pocahontas (tal y como fue alabada por Peggy Lee en 'Fever', la clásica canción de amor) eran tan jóvenes en el momento de embarcarse en sus romances turbulentos, que hoy en día ni serían consideradas mayores de edad. En medio de todo esto, uno fácilmente podría quedarse con la impresión de que si se superan los treinta años todas las esperanzas para el verdadero amor se habrán perdido.

¡Afortunadamente esto no es así! Nuestros ciudadanos ancianos se están involucrando en el juego de las citas masivamente. En realidad, con toda probabilidad lo han estado haciendo por años, pero las generaciones de más edad, sobre todo en Gran Bretaña, son reconocidas por su discreción hasta el punto de la excesiva timidez. Por suerte para los analistas sociales y escritores como yo, ¡una convergencia de fenómenos recientes hace que sea posible obtener ahora una impresión mucho más completa de lo que nuestros ancianos están tramando!

En los últimos años se ha visto una explosión en el número de "surfistas plateados", es decir, personas en edad de jubilación o más que saben manejarse en la web en mayor o menor medida y hacen uso regular de Internet. Durante el mismo período se ha visto también un rápido crecimiento en la industria de citas online. El resultado de estos dos fenómenos es que podemos ver muy claramente, mirando las cifras, que definitivamente no sólo la gente joven busca el amor en línea.

Un estudio reciente realizado por una compañía que tiene un

sitio que congrega gente en busca de relaciones amorosas reveló que existen más de 14.000 usuarios activos en el sitio mayores de 65 años de edad, en comparación con un grupo de edad promedio de apenas un poco más de 25 años. Con números así es comprensible que los ciudadanos de la tercera edad sean considerados como un importante grupo demográfico por la industria de las citas online, y no sorprende que los cursos que enseñan las metodologías utilizadas para conseguir citas por Internet estén surgiendo en lugares como el Pleasant Hill Senior Center en Contra Costa, California.

Con una población que envejece cada vez más mientras la generación del "baby boom" llega a los 60 años, y que lleva un conocimiento y percepción superiores para sus años posteriores, sólo se puede esperar que este fenómeno vaya en aumento en el futuro. ¡Y así debe ser! ¿Por qué sólo los jovencitos tienen que monopolizar las bondades de la tecnología?

De piso de soltero a nido de amor: haciendo que funcione

Perder tu castillo puede ser algo genial o muy traumático, depende de lo preparado que estés para lo que viene. La transición del piso de soltero al nido de amor ha sido y puede ser superada con la planificación y el conocimiento adecuados. Si estás listo para los eventuales cambios y eres proactivo para su implementación, entonces la experiencia bien puede ser positiva. Por otro lado, si haces caso omiso a las necesidades de tu nuevo "compañero de cuarto", se aproximará el desastre. Cabe señalar en este punto que es esencial que te puedas llevar bien con la otra persona. Si no se llevan bien viviendo separados, probablemente no va a mejorar la situación el hecho de estar encerrados juntos todos los días.

El concepto al que más tendrás que acostumbrarte es el de

compartir. Compartir el espacio, compartir comidas, compartir el control remoto, dividir tareas y tomar decisiones en conjunto sobre todas las cosas. Es muy recomendable que la decisión de irte a vivir junto a otra persona haya sido tomada diligentemente. Es difícil para cualquier persona pasar de ser el rey del castillo a un integrante de una pareja con 50/50 de derechos de un día para el otro. Es más, esos números podrían no ser completamente exactos, porque utilizando las leyes del instinto humano, es más como un 51/49 a favor de ella. Esto en realidad está bien, ya que es muy normal. Tendrás que dar para recibir algo a cambio.

Ciertos problemas seguramente surgirán y hay ocasiones en las que sólo tienes que hacer lo que te dicen. Limpiar entra en esta categoría. Los estándares eventualmente van a subir. Productos reales de limpieza tendrán que ser comprados. Es posible que haya que cumplir con algún tipo de horario o calendario. Es necesario utilizar esto como algo positivo. De hecho podrías empezar a sentir alegría por vivir en un ambiente limpio y organizado. En realidad no es tan malo. Para motivarme a mí misma uso la teoría del 2 por 1. Por todo lo bueno que hago, obtengo dos cosas buenas a cambio. Si empiezas a disfrutar de tener un baño limpio, siempre querrás un baño limpio. Esa es una. Al mantener el baño limpio tienes todo el derecho, sin culpas, de jugar semanalmente al golf con tus amigos, por ejemplo. Ahí van dos. Hacer una cosa, conseguir dos. Es todo una cuestión de perspectiva.

Con la actitud correcta puedes adoptar estos cambios sin problemas. Después de un tiempo podrías darte cuenta de que un cuarto limpio o acostarse en una cama tendida hacen a la vida mucho mejor. Podrías también darte cuenta de que reemplazar tus posters y pintura desgastada por un poco de decoración moderna puede ayudarte mucho a entrar en un estado mental mucho más relajado. Tal vez te convierta en alguien un poco más dinámico. Nunca digas nunca. Y bueno, si vas a mirar alguna película de disparos y explosiones en la pantalla grande, también podrías hacerlo en un cuarto cómodo y relajado.

Tómate el tiempo para hacer pequeñas cosas para ella en la casa. Son estas pequeñas cosas las que importan tanto. Deja pequeñas notas, organiza sus animales de peluche en la cama después de tenderla, bájale la tapa del inodoro, dale un masaje, y regálale flores sin ninguna razón. Ya que has aceptado esta carga ¿por qué no cumplirla tan bien como se pueda? No compitan por cada pequeña cosa. Trabajen juntos y hacia una meta en común. Como dice el viejo refrán: atraes a más abejas con miel.

Aunque en un principio pueda parecer que estás perdiendo mucho (espacio, poder, libertad), tómate tu tiempo para ver y disfrutar los beneficios de una relación de mutuo entendimiento. Verás que los aspectos positivos superan con creces a los negativos. Por favor, no tomes este capítulo como un método para salir de apuros. Debes hacer todo lo que demuestre amor por tu pareja. La amas y nada te hace tan feliz como hacerla feliz. Al principio puede ser un poco abrumador, pero presta atención a las pequeñas cosas y el resto debería acomodarse por sí mismo.

¡Los amas porque son graciosos!

Durante años he oído decir a una mujer tras otra, obviamente enamoradas: "¡Es tan divertido! Me encanta eso de él."

A menudo, después de que alguien ha perdido a un miembro de la familia, van a decir: "Siempre recordaré su sonrisa, la forma en que reía, los chistes que contaba para alivianar el ambiente."

¿Podría ser que amamos a las personas que tienen un gran

sentido del humor? Siempre lo he pensado. Y ahora tenemos la prueba científica de lo que muchos sospechábamos desde hace tiempo. El humor es una de las cosas que más disfrutamos en la vida y, con frecuencia, las personas que amamos son las que nos hacen sonreír.

Afortunadamente para aquellos de nosotros que probablemente no somos tan divertidos, el humor se encuentra muy a menudo en el ojo del espectador. Tus compañeros en el trabajo podrían no reírse de tus ocurrencias, pero si ELLA se ríe…bueno, eso es lo único que importa.

Durante mucho tiempo nadie en el mundo científico sabía mucho acerca del humor. Sin embargo, durante los últimos 20 años se han realizado muchísimas investigaciones. Sabemos qué partes de nuestro cerebro tienen que ver con el humor. También sabemos cuando un bebé empieza a desarrollar su sentido del humor.

Así que no lo dudes, ¡muestra sin inhibiciones tu lado gracioso!

- Cuando piensas que algo es divertido, no tengas miedo de expresarlo. Sólo piensa en primer lugar si tu comentario podría ser tomado de manera equivocada por los que puedan escuchar. El humor es genial, así que aprende a disfrutarlo.

- Usa el humor para aliviar situaciones incómodas. Cuando el ambiente empiece a ponerse tenso, alguna frase graciosa puede hacer que todos vuelvan a sentirse a gusto.

- Si no eres naturalmente gracioso, lee historietas, libros de chistes, el humor gráfico que se encuentran en la parte posterior del diario, y presta atención a cómo los escritores de los guiones ambientan situaciones graciosas en la televisión. Puedes aprender a ser más chistoso de lo que eres actualmente. Presta atención a todo lo que pueda contener una chispa de alegría y tu sentido del humor se desarrollará.

Por encima de todo lo demás, sé alguien que aprecie el humor. Cuando alguien haga un intento de ser gracioso y fracase miserablemente, no intentes hacerlo sentir mal. Mientras que su broma no sea demasiado desagradable o de mal gusto, regálale una sonrisa al que dijo el chiste. Y no tengas miedo de soltar una carcajada cuando alguien realmente te causa gracia con lo que dice. Una buena carcajada puede ser el mejor remedio que puedas tener en todo el día.

5

Consigue más amor por menos

Cualquier mujer puede atraer a hombres de mejor calidad que el anterior, o inspirar al hombre con el que está actualmente para que éste le proporcione más amor, afección y romance con sólo aprender acerca de los mimos excesivos hacia la otra persona.

¿Qué es mimar excesivamente al otro? Es hacer demasiado en una relación. Dar demasiado. Es el opuesto de cómo una relación funciona mejor para una mujer. Dar es lo que se supone que debería hacer el hombre. Las mujeres deberían ser las que reciban el amor, el cariño, y los regalos que los hombres les dan - y entonces recién ahí devolver ese amor y cariño hacia ellos. Aunque muchas mujeres han aprendido esto, es algo desafiante detener lo que siempre han hecho - lo que les dijeron que era lo mejor para hacer - y ser indiferentes ante el instinto y el miedo al desastre que tanto temen. Es por eso que voy a dedicarle mi atención a un asunto en particular: Mimar demasiado.

No estoy hablando de mimos de vez en cuando, tomarse de la mano, acariciarlo o jugar con su cabello. Eso está bien y es perfectamente normal en parejas enamoradas. A lo que me refiero aquí es cuando mimas por demás.

Por más radical que suene, deja de hacerlo. Deja de dar. Deja de masajear los sentimientos de tu esposo. Deja de ayudar a tu pareja a hacer las cosas que están involucradas en la relación y deja que por unos momentos no sepa qué hacer sino hasta que lo averigüe. Lo hará, te lo aseguro.

Todo este concepto de mimar demasiado es un dilema para la mayoría de las mujeres. Piensan acerca de su instinto materno, mimar, acariciar y preocuparse por los demás siguiendo la naturaleza femenina de cada una. Pero en realidad no es así.

La crianza y el cuidado de los demás puede ser un atributo femenino – la maternidad es femenina – pero sin embargo, se trata de algo activo. Mimar por demás se trata de hacer. Dar. Tu energía va desde ti hacia alguien más. Cuando das lo que no tienes, estás actuando desde un lugar energético masculino.

Las mujeres están tan acostumbradas a que la idea de mimar sea femenina, que se confunden. Piensan que ser amorosas con sus hombres se trata de mimarlos demasiado, estar siempre sobre ellos. Masajear sus cuerpos, mentes y espíritus. No hay nada de malo con la idea de mimar – es la forma en la que lo hacen la mayoría de las mujeres la que causa dificultades. Estamos todos compuestos por una parte energética masculina y femenina (el ying y el yang). En nuestros mejores estados, nos movilizamos fluidamente a través de ambos; pero cuando estamos en nuestros estados más calamitosos, es porque estamos atascados en una de las dos partes.

Pero la mayoría de las mujeres están atascadas en un extremo o el otro. O dan mucho todo el tiempo hasta que se encuentran resentidas consigo mismas, o se van hacia el otro extremo y se vuelven emocionalmente indispuestas para sus novios, esposos, o para cualquier hombre que conozcan.

Demasiado a menudo las energías de cariño y cuidado excesivos de la mujer son percibidas por los hombres como un trato de madre. Sus acciones podrían parecer intrusivas. Parecería que consideran incapaces a sus hombres – de otra manera, ¿por qué necesitarían demasiados cuidados? Y por otra parte necesitan atención, como todos, ¿no? En estos casos la clave es un balance.

Para encontrar algún tipo de balance cuando esto sucede, te pido que vuelvas a cero. Al menos imagínate volviendo a cero. Los pequeños pasos que des podrían parecer enormes en esta cuestión. Cuando pares de hacer cosas innecesarias por tu hombre – a las cuales él ya se ha acostumbrado -, tal vez esté un poco resentido, pero en realidad estará aliviado porque dejaste de hacerlo. Las cosas podrían desordenarse de manera caótica antes de que todo mejore. Pero las cosas mejorarán.

Esto tiene que ver con la sobreprotección de manera excesiva. ¿Qué similitudes hay entre la sobreprotección y el mimar demasiado?

Vas a la puerta apenas llega tu esposo y le preguntas cómo estuvo su día. Le ofreces un masaje de cuello, pies y espalda porque se ve tan cansado (aunque tú tal vez estés tan cansada como él). O le dices que vaya a tu casa incluso antes de que él diga nada. Y lo invitas o le ofreces algo para comer o beber sin siquiera saber lo que él tiene en mente para la velada. Ofreces cocinarle a tu marido cuando él apenas te ha llevado a un restaurante decente. Le ofreces sexo a tu marido, sin que te pregunte, y sin importar que tengas o no ganas – ya las tendrás.

Le preguntas cómo se siente, y demuestras preocupación por sus sentimientos y cambios de humor.

Esto suena a mimar, pero no lo es. Es un tipo de cuidado maternal. Mimar a un adulto es darle lo que quiere, no lo que tú piensas que quiere. Mimar a un adulto es no tolerar lo que no quieres. No tolerar que se haga daño a sí mismo o que se trate sin cuidado, a la vez dañando la relación contigo – esto significa fumar, comer mal, no trabajar, estar siempre en la casa.

Y haces esto sin decirle qué necesita hacer para cambiar o ayudarlo, sino diciéndole lo enojada que estás cuando suceden esas cosas. También le dices lo bien que te sientes cuando hace algo que te hace feliz. Hay gente que dice: "Déjalo darse cuenta sólo de cómo hacerse responsable por hacerte a ti y a la relación feliz." Mi querido lector, eso nunca sucederá si no platicas las cosas. Recuerda que podemos dialogar y entendernos mutuamente solo si expresamos claramente lo que sentimos. Así que sea cual sea la situación, habla, comparte y expresa lo que sientes con total honestidad y respeto.

La expresión de los sentimientos buenos y honestos es una energía femenina, como así también todos los cuidados, cariños, masajes y preocupación que puedas tener para tu pareja.

Hazlo de la manera femenina. Deja de mimar a un hombre adulto, y empieza a expresar tus sentimientos momento a momento. La primera vez da miedo, pero después verás; te preguntarás como habías hecho antes para amar de otra manera.

Envía una carta de amor

¿Alguna vez has querido enviarle de manera positiva o telepática un mensaje a alguien, diciendo que él/ella te gustaba? Enviar una

Carta de Amor positiva es especial porque será enviada desde adentro tuyo, sin nadie en el medio que pueda interferir.

Ya sea que te des cuenta de ello o no, automáticamente visualizas todo lo que quieres. Cuando mandas sentimientos positivos conscientes de atracción hacia una persona, pueden responder espontáneamente sin la necesidad de las palabras. El propósito de mandar una carta amorosa energética no es el de controlar a otra persona o imponer tu voluntad sobre ella. Simplemente desbloqueas sentimientos amorosos de una manera mucho más rápida que al intentar encontrar las palabras correctas y lidiar con conversaciones incómodas.

En una primera cita por ejemplo, enviar una carta de amor te permitirá disfrutar de la compañía de la otra persona y ver cómo la relación se manifiesta naturalmente. En una relación ya establecida, te permitirá ir más allá de las palabras y tener una mayor diversión de manera más rápida.

Evalúa lo siguiente: Tienes el libre albedrío de enviar tus pensamientos por escrito. Los demás tienen el libre albedrío de tomar la decisión de responder favorablemente, o de rechazar esos pensamientos.

Sé creativo, confía y juega. A partir de un estado relajado, ¿puedes expresarte a ti mismo con confianza y alegría creativa? ¿Sientes un balance dentro de ti mismo?

Las relaciones duraderas son creadas simplemente al aprender cómo jugar el uno con el otro. Aprende cómo amarte y aceptarte a ti mismo de manera incondicional; confía en lo que eres y en quién eres. Permítete recordar que este mundo es mágico, y deja que esa magia y encanto regresen a tu vida.

Decide ser quien tú eres, y ¡haz las cosas que amas hacer tan a menudo como puedas! Esta es realmente la única manera de vivir tu vida.

Puedes enviarle un mensaje a cualquier persona hacia la que te sientas atraído, con la certeza de que tus buenas intenciones y sentimientos cálidos serán seguramente recibidos. Algunas personas responderán enviando su propio mensaje y otras ni siquiera abrirán el sobre. De todas maneras, simplemente estás mandando tu amor hacia el mundo.

1. Para enviar una carta de amor, mira a ese alguien especial directamente a los ojos. Puedes hacer esto en persona o visualizarlo en tu mente.

2. Imagínate enviándole todo tu cariño y amor a través del aire.

3. Visualiza pensamientos afectuosos y de calidez que están yendo hacia ellos.

4. Imagina que estás enviándole todo tu amor y cariño a la otra persona.

5. Imagina que esos deseos le llegan bien profundo al alma de tu amado.

Recuerda siempre ser claro y directo en tu comunicación. En este caso no estarás enviando un mensaje verbalmente en conjunto con otro mensaje físico posiblemente erróneo o incluso opuesto, como ocurre comúnmente, así que comparte lo que está en tu corazón con sinceridad, honestidad y de manera clara.

Pon tu amor a prueba: ¿Es amor o enamoramiento?

Te sientes atraído hacia la otra persona. Piensas en él o ella todo el tiempo. Quieres estar junto al objeto de tu amor. Presentas todos los síntomas de una persona enamorada. ¿Pero es amor o un fugaz enamoramiento que desaparecerá después de pasado algún tiempo?

Examinemos esto con un poco más de detalle. ¿Cuál es la diferencia entre amor y enamoramiento? La primera diferencia es que el enamoramiento es algo corto. Desaparece pronto.

¿Cómo evaluarás esto? Piensa acerca de todas las cualidades que te están haciendo quedar "enamorado." Ahora piensa en otra persona. Imagina que el nuevo candidato tiene todas esas cualidades pero en mayor medida. Piensa profundamente e imagina tanto como puedas. ¿Sigues enamorado?, ¿o tu lealtad amorosa está cambiando hacia este nuevo candidato?

Ahora colócate en otro escenario. Imagina que estás teniendo una pelea fuerte con tu persona amada. Imagínate a esa persona insultándote de mil maneras y discutiendo furiosamente contigo. ¿Sigues enamorado? ¿Volverías a estar con esa persona? ¿O ya la odias?

Haz también esta prueba. Después de muchos años, tu pareja está perdiendo su encanto físico. Mira algunas fotografías de algunas estrellas de cine en su juventud, y compáralas con cómo se ven en la actualidad. Haz algo similar con tu amante. ¿Sigues enamorado? ¿Amarás a esa persona incluso después de tantos años tras los cuales pueden haber perdido la mayoría de su atractivo físico?

El amor es un sentimiento que dura sin importar los años. El amor puede soportar las peleas a su paso. El amor no puede ser definido fácilmente, pero en el amor te preocupas más por tu pareja que por ti mismo. Te conviertes en alguien muy desinteresado junto a tu verdadero amor. ¿Tienes ese tipo de sentimiento? Si la respuesta es afirmativa, entonces es amor verdadero. De otra manera, necesitas pensarlo un poco más.

El amor verdadero

"Si no tengo amor, de nada me sirve hablar todos los idiomas del mundo, y hasta el idioma de los ángeles. Si no tengo amor, soy como un pedazo de metal ruidoso; ¡soy como una campana desafinada!

Si no tengo amor, de nada me sirve hablar de parte de Dios y conocer sus planes secretos. De nada me sirve que mi confianza en Dios me haga mover montañas.

Si no tengo amor, de nada me sirve darles a los pobres todo lo que tengo. De nada me sirve dedicarme en cuerpo y alma a ayudar a los demás. El que ama tiene paciencia en todo, y siempre es amable. El que ama no es envidioso, ni se cree más que nadie. No es orgulloso.

No es grosero ni egoísta. No se enoja por cualquier cosa. No se pasa la vida recordando lo malo que otros le han hecho. No aplaude a los malvados, sino a los que hablan con la verdad. El que ama es capaz de aguantarlo todo, de creerlo todo, de esperarlo todo, de soportarlo todo.

Sólo el amor vive para siempre. Llegará el día en que ya nadie hable de parte de Dios, ni se hable en idiomas extraños, ni sea necesario conocer los planes secretos de Dios. Las profecías, y todo lo que ahora conocemos, es imperfecto. Cuando llegue lo que es perfecto, todo lo demás se acabará.

Alguna vez fui niño. Y mi modo de hablar, mi modo de entender las cosas, y mi manera de pensar eran los de un niño. Pero ahora soy una persona adulta, y todo eso lo he dejado atrás. Ahora conocemos a Dios de manera no muy clara, como cuando vemos nuestra imagen reflejada en un espejo a oscuras. Pero, cuando todo sea perfecto, veremos a Dios cara a cara. Ahora lo conozco de manera imperfecta; pero cuando todo sea perfecto, podré conocerlo como él me conoce a mí.

Hay tres cosas que son permanentes: la confianza en Dios, la seguridad de que él cumplirá sus promesas, y el amor. De estas tres cosas, la más importante es el amor."

San Pablo, en la Primera Carta a los Corintios, capítulo 13, La Biblia. Traducción en Lenguaje Actual (TLA) © 2000 by United Bible Societies.

Amor a primera vista: ¿Es posible?

"Hace casi 11 años, pasé junto a mi ahora esposo en uno de los pasillos de nuestra escuela secundaria y me sentí atraída por sus ojos. Dicen que los ojos son la ventana del alma, y eso es exactamente lo que pasó. Tenía unos ojos increíbles, los cuales eran sólo una muestra de sus tantas cualidades, tanto por dentro como por fuera. Sus ojos me cautivaron en el pasillo de la escuela secundaria, así que hice todo lo posible por llegar a conocerlo desde ese momento. Hemos estado juntos desde entonces y llevamos casados tres años." Sonia.

Mucha gente cree en el amor a primera vista. Algunas personas sostienen que han tenido experiencias amorosas en su vida que fueron basadas en el amor a primera vista cuando conocían a alguien. En todo el mundo hay opiniones distintas relacionadas al asunto de si es posible o no saber de antemano si alguien que acabas de conocer es el "indicado" para tu vida. El problema es que no existe una investigación directa o información disponible para probar o descartar la teoría del amor a primera vista. Por lo tanto, es más como una creencia personal y está basada en la manera en la que cada persona percibe las cosas.

El apego emocional a primera vista sucede cuando sientes una conexión muy fuerte e inmediata con alguien apenas lo ves. No tiene ni por qué decirse una palabra. Ves a esta persona, y se genera una necesidad inmediata de estar con ella. Estos sentimientos no se esfuman. Si estás verdaderamente destinado a estar con alguien, realmente no hay manera de librarte de los sentimientos asociados a eso.

Aunque es llamado amor a primera vista, hay algunas ocasiones en las cuales los sentimientos involucrados en realidad no incluyen al amor. Sin embargo, siempre habrá algún tipo de lazo emocional muy fuerte. Ya sea amor, anhelo, o sólo energía sexual, algo va a haber entre tú y la otra persona. A todo esto se le llama amor a primera vista. También podría llegar a ser el paso hacia una relación feliz y duradera.

Cada vez hay más y más personas que dicen que sus relaciones comenzaron como un amor a primera vista. Por ejemplo, mira alguno de los comerciales que eHarmony tiene dispersados por todos lados en la televisión últimamente. Esta gente dice que sabían en seguida que la persona que acababan de conocer era la indicada para comenzar una relación.

Algunas de estas parejas ya han permanecido juntas por años, y todavía son muy felices en sus relaciones, y fieles el uno al otro. Lo interesante acerca de estas personas es que inicialmente se vieron mutuamente a través de fotografías en Internet. Muchas personas ven este hecho como un testimonio muy fuerte de que el amor a primera vista en realidad existe y es algo muy fuerte.

La vinculación emocional al conocer a alguien puede suceder en cualquier lado, cuando sea. Podrías estar caminando por la calle y ver a alguien que inmediatamente te atrae emocionalmente. Tal vez cuando estés trabajando pase por ahí algún compañero, cliente o vendedor. O tal vez estés mirando perfiles en algún sitio de citas en línea. No hay reglas fijas acerca de cómo o cuando puede ocurrir esta conexión. Es algo muy abierto y muy amplio. Esto es en realidad lo que aumenta el escepticismo acerca de la existencia del amor a primera vista.

Existen muchos libros y materiales educativos publicados acerca del amor a primera vista. Y aunque ninguno de los autores sea un experto, todos tienen su propio punto de vista y cuantiosas teorías para ofrecer al respecto. Algunos de estos autores que discuten estos temas son personas que sostienen haber tenido experiencias propias con relaciones que habían sido iniciadas por este amor a primera vista.

A continuación comparto una historia real de amor a primera vista, escrita por Centvrion y Sunjadi, quienes se conocieron a través de un servicio de citas online: "La primera vez que vi su fotografía sentí algo muy profundo en mi pecho, y me pregunté: ¿Quién será esa dama tan hermosa y a la que se la ve tan feliz? ¡Wow!, me encantaría conocerla, pensé. Miré su rostro una y otra vez, y cada momento me sentí más atraído por ella; leí muchas veces los datos de su perfil y coincidió tanto con su imagen que mi corazón me llevaba a mil por hora.

Un buen día decidí enviarle un mensaje por este estupendo medio y a partir de allí todo cambió en nuestras vidas.

Ella apareció para hacer de mi vida un mundo nuevo, tranquilo y feliz, así que viajé a Venezuela para conocerla. Ella es una bellísima venezolana, llena de mucha jovialidad, cariñosa, muy interesante como mujer y me hace reír muchísimo, estoy muy feliz de haberla encontrado.

Ahora estamos juntos desde hace un año. Hemos formado un

hogar lleno de mucho amor y respeto, y la verdad es que los anhelos sí pueden hacerse realidad, y que todo lo que uno se propone bajo la luz de la verdad y el respeto siempre funciona."

6

¿Amor o dependencia emocional?

Uno de mis clientes, cuya ex-novia recientemente lo había dejado, me preguntó lo siguiente:

"Creo que todavía la amo, pero ¿es esto amor, o sólo dependencia emocional? Muchas veces me pregunto si enamorarse proviene de alguna parte lastimada emocionalmente de uno mismo (al menos es mi opinión), porque siento como si no pudiera vivir sin esa otra persona. Cuando doy amor desde el corazón no espero nada a cambio, pero cuando me enamoro pienso que es una energía distinta."

Enamorarse puede provenir de dos estados internos diferentes. Cuando te enamoras desde tu yo herido – el ego – estás enamorado de cómo te ama la otra persona. Le estás otorgando a la otra persona la responsabilidad por tu autoestima y bienestar, y si entonces él o ella hacen un buen trabajo en tratarte de la manera en la que quieres que lo hagan, entonces podrías llegar a decir que estás "enamorado."

Sin embargo, no es tanto lo que amas a la persona, sino la manera en la que él o ella te ama. Cuando se siente como si no podrías vivir sin esa otra persona, es dependencia emocional. La parte de ti que está "enamorada" es en realidad un niño o adolescente que necesita amor, porque tú mismo no te estás dando amor y tampoco lo estás brindando a los demás. Hay un vacío dentro tuyo que espera ser llenado por alguien más, porque no eres capaz de hacerte responsable por tus propios sentimientos o autoestima. Estás atando tu valor al amor de esa otra persona, y por eso es que no puedes vivir sin ella.

Cuando te enamoras siendo un adulto amoroso en vez de uno herido emocionalmente, como un niño o adolescente, la necesidad que tienes al momento de entrar en una relación es totalmente distinta. Como un adulto amoroso, has aprendido a llenarte a ti mismo de amor y definir tu propio valor. En lugar de necesitar que alguien te llene y te haga sentir amado y valioso, ya te sientes valioso y lleno de amor. Experimentas este llenado interno porque has aprendido a tomar responsabilidad total sobre tus propios sentimientos y necesidades, y has aprendido a llenarte de amor proveniente de una Fuente Divina. Esta plenitud es desbordante y quieres compartir este amor con otra persona, otro adulto amoroso que también esté lleno de amor. Tu deseo es el de compartir amor más que de obtenerlo.

Cuando un adulto que ha aprendido a amar está eligiendo el tipo de persona que escogerá para iniciar una relación, será una persona totalmente diferente que la que escogerá una persona herida. La gente que elegimos suele tener un nivel similar de malestar y un nivel similar de salud emocional. Obviamente, mientras más hayas trabajado internamente para conectarte con el Amor Divino y llevarlo hacia dentro tuyo para cuidar amorosamente de ti mismo, te verás atraído en mayor medida a alguien que también haga esto.

Cuando escoges desde tu yo herido, elegirás a alguien que consideras que tendrá el trabajo de llenarte. El problema es que la otra persona podría estar intentando llenarte con la esperanza de que tú también lo harás con ella. Dos personas que quieren recibir amor en vez de compartirlo, eventualmente se encontrarán muy decepcionados el uno con el otro. Se culparán el uno al otro por no amar de la manera en la que el otro quiere ser amado. Cuando las relaciones finalizan, frecuentemente es porque uno o ambos miembros de la pareja no se hacen responsables por sus propios sentimientos ni por su autoestima debilitada, y están culpando al otro por esa infelicidad resultante.

Si estás tan ligado a alguien que sientes que no podrías vivir sin esa persona, intenta aprender a darte a ti mismo y a los demás eso que deseas obtener. Tu tarea es la de convertirte en alguien autosuficiente, que tenga incluido en sí mismo lo que quieres que sea la otra persona. Entonces serás capaz de estar "enamorado" en vez de "necesitado."

Serás capaz de amar a otra persona por quien es en vez de por lo que pueda hacer por ti. En lugar de necesitar recibir amor, puedes dar amor desde el corazón, por la alegría que esto te proporciona, y por el sentimiento de plenitud que experimentas al darlo.

"El que ha conocido sólo a su mujer y la ha amado, sabe más de mujeres que el que ha conocido mil." León Tolstoi (1828-1910) Escritor ruso.

Equilibrio entre las emociones y la inteligencia

El amor es eufórico. El amor es encantador. El amor es celestial.

El amor es cautivante. Y el amor es algo que nadie puede describir. El amor debe ser sentido, no puede ser explicado. Uno no puede enamorarse de manera planeada; tan sólo se enamora sin darse cuenta. Eso es amor. Y el amor también neutraliza la inteligencia como ninguna otra cosa lo podría hacer. Bajo los efectos del amor, la persona más inteligente puede actuar de manera estúpida, porque el amor es abrumador.

¿Qué pasa si te enamoras de manera romántica? Es el principio de tu amor, y no puedes pensar en otra cosa más que en tu ser querido. Sueñas con construir un hogar con él o ella y vivir feliz por siempre. Planeas, platicas y sueñas. Te encuentras tan lejos de la realidad de la vida como el día está lejos de la noche. Te casas. Tus amigos se reúnen. Tu familia se reúne. Hay festejos. La pareja se ve genial. Se ven tan enamorados el uno del otro... te sientes como la persona más afortunada de la tierra. Y entonces anuncias que te vas a divorciar tras un año. ¿Por qué?

Nunca permitiste que tu inteligencia tuviera el papel que debía al decidir casarte. Nunca pensaste en lo que significa el matrimonio. Nunca enfrentaste la realidad de que había que permanecer juntos. Si ella es el norte, tú eres el sur, y si ella ama la literatura, tú amas el aire libre. Ambos sabían de la existencia de las diferencias, pero sin embargo las ignoraron. Nunca les prestaron atención. Y algunas personas resaltaron las diferencias y te pidieron que pienses de nuevo la decisión; pero esa persona fue eliminada de tu lista de amigos. Así que el desenlace final fue el quiebre. Ningún divorcio proporciona paz y plenitud, nunca.

Por favor enamórate. Por favor experimenta la altura del amor, el amor verdaderamente apasionado. Y por favor consulta a tu inteligencia antes de decidir pasar tu vida junto a otra persona.

Dios te ha dado un cerebro con el cual pensar y preguntarte las cosas: ¿Somos el uno para el otro? ¿Son similares nuestros hábitos? ¿Nos daremos confort el uno al otro? ¿Son nuestras expectativas realistas y serán cumplidas? ¿Estamos capacitados como para casarnos? ¿Durará nuestro amor si tenemos valores diferentes?

Deja que tu inteligencia tenga algún tipo de participación en tu "amor" y después decide. Nunca tendrás que anunciar un divorcio. Vivirás feliz por siempre, porque habrás tomado una decisión consciente después de haber resuelto todas estas cuestiones de antemano.

Secretos para una relación exitosa

El significado de "hacer el amor" tiene diferentes significados para distinta gente. En general, en la naturaleza humana, en programas de televisión y en películas, el término hacer el amor es utilizado para definir un tierno momento de intimidad entre dos personas. Sí, usualmente indica directamente al acto sexual en sí mismo, pero describiéndolo de una manera supuestamente más sustancial y significativa. Se supone que el término hacer el amor implica algo hermoso, algo romántico, para expresar amor. Es usado intencionalmente para evitar dar la visión o pensamiento del sexo como algo obsceno.

El término "hacer el amor" no siempre era utilizado para describir el acto de tener relaciones sexuales en sí mismo. Se utilizaba para describir algo más puro e incluso inocente. En los viejos tiempos, "hacer el amor" eran las palabras utilizadas para describir cualquier gesto romántico e íntimo. Algo tan simple como un beso, un coqueteo, una expresión de devoción, o incluso un baile era definido como "hacer el amor." Los tiempos sí que han cambiado, ¿no es así? Los días del vino y el romance parecen haberse ido, pero para algunos de nosotros, la expresión "hacer el amor" aún tiene un significado especial.

A todo el mundo probablemente le han dicho, o ellos mismos le han dicho a otra persona: no estoy sólo teniendo sexo contigo, estoy haciendo el amor contigo. Por supuesto, esas palabras no siempre son dichas con la mayor autenticidad. Se tiende a darle al término un mal nombre cuando se utiliza en esas circunstancias. Pero es de esperar que el instinto o el sentido común te hagan saber cuándo no se está diciendo con total sinceridad. Si no es así, y te das cuenta después de que haya sucedido, tómalo como una experiencia más. Vive y aprende, sigue adelante y agradece la lección.

Pero con suerte, posiblemente tienes una pareja que aprecia el significado de las palabras "hacer el amor" en su verdadera magnitud. Debe ser una experiencia íntima y pasional. Hacer el amor, en el sentido real del término, puede ser uno de los intercambios de confianza más realizadores entre dos personas. Así que elijan sus palabras sabiamente, porque mañana podrían volver para atormentarte, si son pronunciadas a la ligera y sin responsabilidad.

¿Son similares entre sí?

¿Qué tan similar eres a tu pareja? Seguramente están de acuerdo en que están enamorados el uno del otro, y ambos disfrutan de su unión. Se gustan y quieren vivir juntos hasta la muerte. Puedes decir que amas a esa persona con tu cuerpo y alma. ¿Y qué sucede con las similitudes entre los dos? ¿Es su amor resultado de estas similitudes? ¿O a pesar de tener sólo algunas similitudes en común se aman lo mismo? Las similitudes afectar la relación hasta cierto punto, y son un asunto importante para discutir.

Intereses laborales. ¿Tienen un interés laboral en común? ¿Estás calificado para el mismo oficio que tu pareja, o sus intereses de trabajo son diferentes? Intereses comunes de trabajo conducen a una mejor comprensión, pero esto no es muy importante.

Aficiones. ¿Tienen inclinaciones similares? Incluso si no son compartidas por los dos, ¿alguno de ustedes tiene alguna afición que no le gusta al otro?

Los valores. ¿Qué tan similares son sus creencias y valores? ¿Apoyas al mismo partido político que tu pareja o sus puntos de vista son opuestos el uno del otro? ¿Qué ocurre con sus opiniones sobre los principales asuntos de la vida? ¿Y qué hay de sus objetivos? ¿Son sus maneras de pensar similares o diferentes? Estos factores pueden hacer una gran diferencia en la calidad de vida y en el amor.

Ya que estamos en el tema de los valores, me gustaría ahondar un poco sobre el tema. Todos tenemos muchos defectos. Todos nosotros estamos también tratando de vivir basados en nuestros valores. Valores como la honestidad, la compasión, el cariño, la misericordia, y otros que nos han sido inculcados desde nuestra infancia y que tratamos de respetar al manejarnos en la vida diaria. Lamentablemente, con la degradación de los valores sociales, los valores personales también están cayendo. Pero dejando eso de lado, la discusión que nos interesa es la de si los valores que tú respetas y los valores que tu pareja respeta son los mismos.

Esta pregunta y la respuesta a esta pregunta podrían decidir qué sucederá con el futuro de tu relación. Déjame darte un ejemplo. Supongamos que crees que las pequeñas mentiras o hacer trampa para obtener lo que quieres no está mal y es aceptable. Tu pareja está convencida de que no se debería hacer nada malo, nunca. Este conflicto de valores sin duda producirá complicaciones en la relación, porque vivimos guiándonos por nuestros valores. Aquellos que creen en la libertad de elección de los valores individuales probablemente no salgan tan lastimados de esta situación, pero aquellos que creen firmemente en vivir basados en sus valores no podrían ni imaginarse apartarse de ellos por nada ni nadie.

Antes de entrar en una relación amorosa, no te dejes cegar por el amor romántico. Compara tus valores con los de tu posible pareja. Si encuentras un importante conflicto de valores, entonces no intentes seguir adelante con esa relación, pues nada más significa tensión y problemas graves en el futuro. Si por el contrario, los valores más importantes son coincidentes y el conflicto se trata de asuntos pequeños, significará entonces que podrás hablar de eso con tu pareja tranquilamente.

Los valores son muy valiosos. Ellos le dan sentido a nuestra vida y nos permiten moldearla. Respétalos antes de entrar en cualquier relación. De lo contrario, te enfrentarás a grandes problemas en el futuro. Aquellos que comparten valores en común llegan a vivir juntos una vida maravillosa.

La convivencia puede ser difícil si las diferencias son numerosas. Los conflictos consumen una gran cantidad de energía y tiempo. Y no hay tiempo para centrarse en el amor y vivir juntos si una gran cantidad del mismo es perdido en resolver diferencias. Es más fácil sentir el amor en un principio aunque las similitudes sean pocas. Pero a medida que el tiempo pasa, aumenta el descontento y las grietas aparecen en la relación. Es difícil vivir con una persona que tiene puntos de vista totalmente opuestos a los tuyos. Más similitudes siempre ayudan a que el amor dure por períodos más prolongados.

Volviendo a las raíces del amor y el romance

Casi todas las historias de amor tienen el potencial para empezar como si fueran un cuento de hadas. "Érase una vez dos personas que se enamoraron apasionadamente y su amor era como ningún otro antes del de ellos." Los inicios de una relación son maravillosos y pueden experimentar un "renacimiento" con una boda, con su posterior luna de miel y el emocionante primer año de matrimonio.

Una vez que la pareja empieza a crecer y a cambiar sus vidas con el trabajo, los hijos, las actividades sociales y otros compromisos, el amor y el romance se convierten en una cuestión más difícil de atender. A veces parece que el amor y el romance se han perdido del todo. Este destino no es inevitable si quieres reavivar la pasión o simplemente llevarla hacia un nuevo nivel convirtiéndote en un romántico empedernido.

Cuando quieres encender la pasión en tu relación, pero no estás seguro de lo que tienes que hacer, el mejor lugar para empezar es por el principio. Piensa en las cosas que solías hacer para tu pareja al comienzo de su relación. Si no lo recuerdas o nunca trataste de ser un romántico, no te preocupes. No es difícil, y una vez que comiences encontrarás que desarrollarás tus propias ideas con el correr del tiempo.

La mayoría de las relaciones nuevas o recién iniciadas se basan en "pequeñas" cosas para mostrar amor y cariño. Asegúrate de recordar los días especiales de "pareja", tales como el día de San Valentín, aniversarios y hasta la fecha en que se conocieron, si es posible. Asegúrate de enviar un regalo significativo o tan sólo una docena de rosas y una caja de chocolates para celebrar lo que sientes por tu pareja. Las mujeres pueden hacer exactamente lo mismo que los hombres en este punto. ¡No muchos hombres pueden resistirse a los dulces!

Es posible que no te consideres un escritor, pero escribirle a tu pareja una carta de amor con tus pensamientos acerca de cómo te sientes por ella es una de las maneras más conmovedoras de encender una noche romántica. Ya vimos la mejor manera de escribir una carta de amor apasionada, pero si no te sientes cómodo escribiendo una carta, considera hacer listas acerca de lo que más amas de tu pareja. Esa lista bien puede incluir las cosas que hace esa persona que te hacen reír, cosas que tu pareja hace por ti las cuales consideras importantes. Puedes agregar cómo te hace sentir cuando tu pareja hace tal o cual cosa, qué tan hermosa o atractiva es, u otros detalles muy personales pero ubicados.

Llama a tu pareja y habla con palabras suaves y amorosas. Si él o ella no puede contestar el teléfono, déjale algún mensaje de amor en su correo de voz o contestador automático. Háblale sucio cuando sabes que él o ella no pueden hacer lo mismo del otro lado por estar en presencia de otras personas, etc.

Algunas veces las parejas enamoradas se sienten más a gusto cuando hacen regalos. Mientras que los obsequios clásicos como flores, dulces, perfumes o colonias son casi siempre regalos exitosos, trata de darle un toque distinto. Haz planes para ir a ver todas las películas románticas que vayan a estrenarse en el cine durante el año. Llévate a casa una botella de champagne para celebrar hasta el más mínimo logro que él o ella ha tenido. Envía al azar tarjetas de felicitación romántica y/o de humor a su lugar de trabajo o escóndelas bajo las almohadas de su cama en casa.

Estas sugerencias son simplemente ideas para ayudarte a comenzar a poner en práctica tu esfuerzo por llevar el romance y el amor a un nuevo nivel en tu matrimonio. Puedes desarrollar tus propias ideas y los más probable es que sean mejores que cualquier cosa que hayas leído aquí. Una vez que hayas abierto las puertas al romance en tu matrimonio y hayas empezado a construir los cimientos para el romance a futuro, estarás listo para avanzar a niveles incluso más creativos en el mismo.

Cartas de amor: Romance desde lo profundo de tu corazón

¿Te sientes muy poco romántico? ¿Quieres saber cuáles son los mejores tipos de cartas de amor para escribirle a un novio? Siempre se puede ir en línea y buscar en Internet cartas de amor prefabricadas, pero creo que cuando se trata de asuntos del corazón, lo mejor que puedes hacer es escribir las que surgen directamente desde tu corazón.

Demasiadas personas quedan atrapadas en los detalles y una gran cantidad de pasión se pierde cuando se hace eso. En su lugar, simplemente siéntate con un lápiz y papel, o frente a un ordenador, y escribe. No te preocupes, puedes volver más tarde y hacer los cambios o correcciones que debas realizar, pero por ahora sólo escribe todo lo que venga a tu mente cuando pienses en tu pareja.

Otra cuestión a tener en cuenta es que esta carta es para esa persona en especial. Trata de mantenerla en los límites de lo real, por supuesto, pero también haz que sea personal, es decir, sólo para esa persona. Deberías incluir las cosas que a él o ella le gustaría escuchar. La mayoría de las parejas buscan algo de "sabor" en las cartas de amor que reciben. Las mujeres quieren algo muy romántico, pero los hombres se identifican mejor con las cartas de amor sexy.

No; no estoy diciendo que debes "hablar sucio" en tu carta, pero es posible que desees incluir ligeras connotaciones sensuales en ella. En la mayoría de los casos, a los hombres realmente les gustará.

Conoces a tu pareja mejor que nadie, entonces debes determinar la manera en la que quieres hacerle saber que la amas. Una vez más, hay que recordar que la carta es para hacerle saber cómo te sientes, pero debe ser escrita de una manera que sea más personal para esa persona.

Si le gusta la poesía, por ejemplo, trata de encontrar una o dos líneas de un poema que le guste. Si le gusta algún otro tipo de literatura puedes incluir algún pasaje o algo de su libro favorito. Eso te permitirá expresar tu amor por él o ella en más que tan sólo palabras.

Al agregar pequeñas cosas como esas, estás haciéndole saber que le prestas atención a lo que dice y a lo que le gusta. Se dará cuenta de que realmente lo amas porque estás dispuesto a tomarte algún tiempo y hacer que todo sea especial, incluso tus cartas de amor.

Si realmente quieres ser elegante, podrías incluso grabarle con tu voz una carta de amor que tú hayas escrito o filmar un corto video. Lo que pongas en el vídeo es decisión tuya (sin embargo, si estás pensando en posar desnuda, deberías reconsiderarlo; no serías la primera chica que tenga un novio "maravilloso" y después se da cuenta de que le mostró tu video privado a todos sus amigos).

A todo el mundo le gusta sentirse querido y especial. Si quieres mostrarle a tu pareja lo mucho que significa para ti y quieres saber qué tipo de cartas de amor escribirle, sólo recuerda dos ingredientes básicos: tu amor y sus intereses. La combinación de esas cosas te permitirá mostrarle a tu pareja lo realmente especial que es para ti.

7

Cómo evaluar si tu amor resistirá tiempos difíciles

Después de que la euforia inicial del amor se supera, los amantes comienzan a pensar en lo que les molesta. Por ejemplo, tu pareja podría llegar siempre tarde a encontrarse contigo. Nunca le habías dicho eso hasta ahora. Crees que ahora hay que decirlo, porque no puedes soportar estar esperando a tu pareja por más de cinco minutos, lo que te parece una eternidad.

Estás preocupado por alguna costumbre de tu pareja, la cual es reiterada todos los días. Recién ahora lo notas, porque eso siempre había sido ignorado durante la euforia inicial de conocerse y cuando estaban desarrollando la relación. Pero ahora deseas señalar lo que te molesta de ese hábito.

Se enfrentan a un problema en tu lugar de trabajo. Has mantenido ese conflicto lejos de tu novia. Ahora sientes que necesitas su apoyo para luchar contra ese problema.

Estos son algunos ejemplos de lo que ocurre en la segunda fase del amor. ¿Cómo discutir estos temas con tu pareja? ¿Afectará esto tu relación?

Cuando el amor madura un poco, es el momento de conocer la medida en la que los dos están dispuestos a apoyarse mutuamente, y cuál es la calidad del amor que comparten. Si el amor es sólo superficial, un pequeño problema se lo llevará, lo que es algo bueno. De lo contrario, podrías haber continuado en una relación que no te habría sido de ninguna utilidad. Si el amor es fuerte, discutir temas y problemas personales los llevará más cerca el uno del otro.

Muchos de nosotros preferimos no discutir por cualquier problema. Estas personas no quieren que el amor se vea afectado bajo ningún concepto. ¿Pero es eso amor o una pretensión de amor? Si realmente se aman el uno al otro, deben ser abiertos mutuamente. ¿Por qué vivir en un mundo de fantasía?

Una estrecha relación exige que los dos hablen y se ayuden mutuamente en todo momento. Si eso no sucede, el amor no sirve de nada y debe ser desechado. Después de todo, lo que estás buscando es un/a compañero/a que estará contigo para ayudarte, aún bajo la peor tormenta, bajo viento y mareas.

Pon a prueba tu relación amorosa para encontrar la fuerza de su amor. Muchos sitios de Internet ofrecen evaluaciones y tests para esto. Visita algunos de los sitios y empieza a evaluar la fuerza de tu amor.

Amor Puro

Somos todos diferentes. Somos todos lo mismo. Y sin embargo tienes una diversidad que se manifiesta a través de la expresión de tus valores mediante tu comportamiento, actitud, inteligencia y creatividad. En el fondo buscas amor y sin embargo, experimentas una resistencia a la más completa forma de expresión del amor. Por un largo tiempo he estado luchando contra la complejidad del amor. Lo que he descubierto me ha asombrado.

Tu corazón sufre profundamente por la necesidad de tener amor en tu vida, esperando obtener la plenitud a través de otra persona, pero ese amor comienza por uno mismo. La expresión de esa energía amorosa que se ubica dentro de tu ser debe ser liberada por completo para adherirse a ti mismo, a tus dones, tu vida, y tus interacciones con el mundo. Esa plena expresión y sensación es una expansión interna que se siente como si el pecho se estuviera desgarrando. Está oprimido normalmente porque es difícil contener, y eso es algo importante a tomar en cuenta. No se supone que sea contenido perpetuamente.

El amor existe para ser expandido, y se le debe permitir fluir hacia afuera. Su fuerza poderosa y apasionada llenará tu vida con significado, propósito y plenitud. Es el adversario. Es el propósito. Traerá a tu vida la manifestación de todo lo que eres y lo que estás aquí para ser. Proporcionará las circunstancias, la gente y las relaciones adecuadas para tu vida con el fin de enriquecer tu experiencia.

Esa plenitud amorosa es vulnerable y te provoca miedo. Pero el miedo es una prisión que te aleja de eso mismo que tanto deseas; la experiencia más profunda de amor y la vida plena que buscas disfrutar. Ser vulnerable trae consigo el rango emocional completo de la angustia, el dolor y la decepción que viene como resultado de amar a otros.

La gente continuará siendo humana, y cometiendo errores. En vez de cerrarte al exterior, adopta el dolor y ama al niño interior herido por su amor inocente. Perdona, no sólo al que se ha equivocado, sino también a ese niño interior. Con el perdón ofrece amor y a través del dolor míralo desaparecer en la comodidad. Sigue trayendo vida a través del amor y el perdón, y contempla su poder para transformar vidas; la tuya y las de las personas en las que generas una impresión.

Indicadores para mantener al amor ardiendo en una relación

Jim y Moira se conocieron como a los 5 años de edad en una de las tantas escuelas de Gran Bretaña en el año 1929. Han estado juntos más o menos desde entonces. Dos años después de ese primer encuentro, Moira fue enviada a una escuela solo para niñas, lo cual fue la primera de las únicas tres separaciones que tendrían.

Ellos se volvieron a ver a los 11 años, cuando el destino los puso en la misma clase de una escuela mixta. A la edad de 14 los tortolitos comenzaron su noviazgo de toda la vida. La Segunda Guerra Mundial llevó a Jim cientos de millas de distancia de su amor, pero la pareja se escribía cartas durante los dos años que duró el servicio de Jim.

Después de que el joven soldado regresó nuevamente a casa, los dos se casaron en el verano de 1948. "Todos hemos sido sólida desde el primer día, siempre supimos que iba a durar", dijo Jim. "Nuestro amor es sólido como la roca. Cada día con Moira ha sido encantador, y no lo cambiaría por nada del mundo."

En esta sección voy a darte algunos consejos, que si los sigues, pueden ayudarte a mantener tu relación fuerte y amorosa. Voy a incluir una lista de tres cosas que puedes hacer para que tu pareja se sienta amada y respetada.

Sin embargo, ten cuidado con lo siguiente: mientras que esta lista se centra en cómo puedes tratar a tu pareja, también es muy importante que tu pareja haga lo mismo para contigo. No estoy fomentando una relación unilateral. Esos tipos de relación nunca funcionan, o al menos no funcionan desde el punto de vista en que una pareja no está consiguiendo satisfacer sus necesidades, por lo que la relación no es sana.

En una relación fuerte y saludable ambas partes deben llegar a tener la mayoría de sus necesidades satisfechas. Se debe sentir el amor, el respeto, la amistad, la comprensión y el deseo que viene de la pareja. Y todo esto debe ser algo recíproco.

Así que antes de que te sumerjas en la lista, quiero que te tomes algún tiempo para evaluar lo que eres como persona. Asegúrate de que eres capaz de dar y recibir por igual. Esto es muy importante, porque en la mayoría de las relaciones una persona es el dador principal y la otra es el beneficiario principal. Eso no es bueno. Lo ideal sería que ambas partes estén bastante cerca de una división de 50/50 entre lo que dan y lo que reciben. Eso es por lo que quiero que luches.

No seas siempre el único que da, o la mayoría de las veces. Y no seas aquel que siempre recibe, o la mayoría de las veces. Trata de equilibrar y estimular a tu pareja a hacer lo mismo.

Bien, ahora a la lista:

1. En última instancia todos queremos sentir que realmente le gustamos a nuestra pareja. Así que asegúrate de tener tiempo para divertirte con tu pareja. Comparte el día con ella. Dile las

cosas buenas y las cosas malas. Ríanse juntos.

2. Ayuda a que tu pareja se sienta bien. No tienes que mentir... si te preguntan si han ganado peso, y lo han hecho, no tienes que decir "no", pero podrías decir que se ven bien a tu gusto. (Por cierto, nunca le hagas a tu pareja una pregunta cargada y estúpida como "¿me veo gordo en esto?", ¡nada bueno puede salir de eso!)

3. Demasiadas relaciones pierden intimidad física, y no me refiero sólo al sexo. Cuando tú y tu pareja estaban de novios, probablemente se tomaban de la mano, se acariciaban mutuamente las manos o espaldas; básicamente no podían tener sus manos fuera del cuerpo del otro. Sólo tenías que estar cerca y tocar tanto como pudieras. No dejes que eso se extinga. Nunca subestimes el poder de un toque suave y el contacto físico.

Y mientras que el sexo es importante, no dejes que todo el contacto físico se vuelva sólo de naturaleza sexual. Siempre deberías disfrutar de tocar la mejilla de tu pareja, o aparecerte detrás de ella y poner tus brazos alrededor suyo para abrazarla.

Sé que si utilizas algunas de las ideas que te he dado en esta sección, tu relación puede estar un paso más cerca de mantenerse para ser una relación amorosa y fuerte con tu pareja. Sólo trata de mantener algo de la maravilla y el amor que tenías con tu amado cuando comenzaban a salir juntos. Al hacer esto generas una mejor oportunidad de mantener tu relación fuerte y feliz para toda la vida.

Regalos creativos e inesperados que le encantarán

¿Estás en un dilema sobre qué regalarle a tu pareja? Al dar regalos a nuestros seres queridos siempre queremos darle cosas que vayan a disfrutar, y que sean una sorpresa al recibirlas. Nadie quiere dar un regalo que a la otra persona no le importe o algo que predijo que iba a recibir. Los siguientes consejos te ayudarán a encontrar regalos creativos para tu novio.

Un regalo bien pensado para tu novio puede ser un pequeño amuleto u objeto pequeño que puede llevar en el bolsillo para que todos los días se acuerde de ti. A la mayoría de los hombres no les gusta usar collares ni pulseras con fotos pequeñas, así que al tener un amuleto grabado con su nombre y una fecha significativa que puede llevar en el bolsillo, le has dado el equivalente para hombres del collar con pendiente femenino. Él pensará en ti cada vez que saque algo de su bolsillo y recordará tu amor durante el día.

Un regalo creativo puede ser cortar copias de fotos de ustedes dos juntos en las formas de las letras de sus nombres. Pon las letras hechas a partir de fotos en un marco, armando los nombres de ambos, con una foto de ustedes juntos cortada en forma de corazón entre los nombres. Esta es una gran manera en la que él puede disfrutar de las fotos de ustedes dos juntos.

Si tu enamorado está interesado en artículos clásicos, podrías considerar el conseguirle cigarros o mazos de cartas antiguos, o tal vez algún tipo de frasco clásico con su nombre grabado en él. Este es un tipo muy elegante de regalo, y tu novio lo disfrutará mucho más allá del día en el que lo vea por primera vez.

Puedes hacer un regalo memorable a tu novio al hacer un video especial para él. Fílmate a ti misma, a sus amigos en común y miembros de la familia contando historias y compartiendo recuerdos acerca de ustedes dos. Este es un regalo muy especial, que será apreciado cada vez que sea visto.

Haz que ir al cine sea un regalo especial para tu novio. Ve a tu cine local y pregunta si venden alguno de los anuncios que son mostrados antes de que empiece la película. Si lo hacen, puedes comprar alguno y pedir que lo pongan en alguna ocasión en la que vayan juntos a ver una película. Le puedes incluir al anuncio una foto de ustedes dos con un simple y tierno mensaje. Tu novio no solamente estará sorprendido al ver eso, sino que estará conmovido por lo considerada que eres.

Si estás buscando realmente impresionar a tu novio, uno de los más impresionantes regalos puede ser un nuevo sistema de estéreo para el automóvil, o de radio por satélite. Dile a tu novio que vas a llevar su automóvil para que lo laven. En lugar de eso, llévalo para que le instalen alguno de los dispositivos anteriormente mencionados. Este regalo pondrá una sonrisa en su cara cada vez que se suba a su auto y piense en ti y en tu brillante regalo.

5 maneras secretas de demostrar amor hacia tu pareja

Hay muchas maneras de expresar amor hacia tu pareja, además de citar las típicas palabras "te amo." Usualmente, el fuego en las relaciones muere después de un tiempo, y ya casi ni experimentas ese sentimiento en tu corazón palpitando de emoción cuando estás con tu pareja.

Entonces, ¿cómo volver a vivir ese amor, esa pasión y ese sentimiento cálido que sentimos aquella vez al principio de nuestra relación?

Muchos dicen que las acciones valen mucho más que las palabras, por eso aquí debajo he listado 5 secretos de seducción para ayudarte a mostrarle a tu pareja lo mucho que la amas:

1. Coquetea. Este es un tipo de seducción divertida, ¡que además tiene el propósito de expresar amor! ¿Por qué no mandar un mensaje de texto o correo electrónico sexy mientras estás en tu trabajo? Esto le recuerda a la otra persona que estás pensando en él o ella. Esto también incrementa la intensidad del amor para que en realidad puedan tener muchas ganas de verse mutuamente apenas regresen a casa desde el trabajo.

2. Velas. De acuerdo al Feng Shui, la vela de la seducción es de color roja y sus ingredientes son almizcle, pachulí, pino, cedro y enebro. Este secreto seductivo puede devolver el romance a tus relaciones. ¿Por qué no llenar tu cuarto de velas aromáticas y dejar las luces apagadas para relajarse estando abrazados? ¡Este esfuerzo extra se traduce en muchos beneficios!

3. Comida. Se dice que "la manera de llegar al corazón de un hombre es a través de su estómago", sin embargo también se cree que esto es perfectamente aplicable a las mujeres. Demuestra tu amor preparando una cena sorpresa para los dos. Pon flores, música suave e incienso para crear un nido de amor sensual. Se dice que las comidas afrodisíacas como las ostras, el chili, el chocolate, los higos, la miel y las nueces ayudan a estimular las hormonas de tu amado.

4. Cartas de Amor y Poemas. ¿Por qué no dejarle una carta de amor a tu persona amada? La puedes pegar en el baño o en la cocina antes de irte al trabajo. También podrías dejar un buen poema de amor bajo su almohada, para que tu pareja la encuentre por la noche antes de acostarse, o apenas se levante. O envíale una carta de amor escrita a mano a su trabajo. Esto incrementará el sentimiento amoroso en la privacidad de su cuarto, así como en la relación. Puedes inspirarte con alguna canción o libro de poemas de amor.

5. Escápense. Puede haber muchas distracciones en tu relación, como el trabajo o los hijos. Hay disponibles muchos tipos de vacaciones cortas para el fin de semana o sólo por un día. Podrías organizar una salida a un Spa de Salud o a algún Hotel para que puedan estar juntos en un ambiente distinto al que normalmente frecuentan, para relajarse y concentrarse el uno en el otro.

Te aseguro que al usar las cinco técnicas que acabo de mencionarte para demostrarle a tu pareja cuanto realmente la amas, le pondrá sabor a tu vida amorosa, fortalecerá tu relación, y ¡te mantendrá a ti y a tu pareja felices por muchos años!

Enviando tu amor a través de una florería en línea

Si te encuentras lejos de tus seres queridos, a veces es difícil mostrarle cuánto los amas y aprecias. Puedes mandar cartas y postales por correo, pero en ocasiones quieres darles algo especial. Las florerías en línea pueden ser la respuesta a todos tus problemas cuando quieres regalar a distancia. En vez de tener que contactarte con florerías locales de lugares lejanos, con las florerías en línea tienes la flexibilidad de poder mandar flores a casi cualquier lugar simplemente introduciendo tu información de pago y eligiendo un hermoso arreglo floral.

Ya pasaron los días en los que al elegir arreglos florales se leían las descripciones y se elegía el que se veía mejor. Hoy en día, las florerías en línea ofrecen fotografías detalladas de sus arreglos, logrando que encargar flores ya no sea todo un juego de adivinanzas. La gran mayoría de florerías en línea separan sus arreglos en categorías, tales como tipos de flores, para determinados acontecimientos, según las plantas que sean, en combinación con cestas de alimentos, etc.

Fácilmente puedes hacer clic en una de las categorías y obtener un listado ordenado por rango de precio, esquema de color o tipo de flor. Puedes elegir entre arreglos armados específicamente para bebés recién nacidos, para el Día de San Valentín, Navidad, Pascuas o incluso Halloween. Muchas empresas ofrecen flores con colores únicos para distintas festividades, y normalmente las colocan en contenedores creativos para acogerlas.

Hay una gran cantidad de florerías en línea entre las cuales elegir. 1-800-FLOWERS.com, Flora2000, Onlineflowers.com y 800florals son todos sitios en Internet de populares empresas dedicadas a las flores que proporcionan un fácil acceso a fotografías de sus ofertas. 1-800-FLOWERS ofrece páginas y páginas de ramos especializados y canastas para cualquier ocasión que posiblemente te puedas imaginar.

Las mejores florerías online incluso ofrecen una entrega en el mismo día si realizas el pedido lo suficientemente temprano. Consulta con la florería antes de hacer un pedido, para asegurarte de que tus flores llegarán a tiempo a destino. La mayoría de las florerías en Internet son altamente confiables, pero si por casualidad tus flores no llegan a tiempo, algunas florerías te devolverán el dinero e incluso te pueden llegar a dar un arreglo gratuito. Aunque puede llegar a ser decepcionante que las flores lleguen maltrechas, la mayoría de las empresas mandarán ramos de repuesto al día siguiente.

Cuando elijas comprar arreglos florales en una florería en línea, te beneficias de la amplia variedad de artículos que tienen para ofrecer. Si visitas una florería local, sus ofertas son típicamente limitadas por el stock que puedan llegar a tener en determinado día. Sin embargo, debido al gran volumen de pedidos, las florerías en línea suelen tener enormes depósitos llenos de flores listas para cortar y armar, para enviar en el mismo día. Aunque hacer este tipo de pedido a través de un sitio web es algo menos personal que visitar una florería local, puede ser una excelente alternativa, especialmente si estás mandándole flores a alguien que se encuentra en otra ciudad o estado.

Muchas florerías en línea ofrecen productos que van más allá de los arreglos florales normales. Puedes encontrar plantas exóticas y flores en hermosos contenedores, aparte de las más tradicionales macetas o canastos. Incluso algunos vendedores minoristas de flores por Internet podrían llegar a tener algunos bonsái y otros árboles exóticos que pueden ser enviados a tu pareja.

También se pueden encontrar canastas de regalos hechas sin flores en estos sitios de florerías en Internet. Puedes enviar un ramo hecho enteramente de galletas, o puedes elegir de entre una variedad de dulces gourmet para incluir en tu canasta personalizada. Puedes enviar mermeladas y jaleas festivas junto a flores de pascua, o puedes incluir un osito de peluche con esa exclusiva docena de rosas.

Hace poco sorprendí a uno de mis seres queridos con un desayuno especial en el día de su cumpleaños. Lo compré en Argentina y llegó a Málaga, España! Te recomiendo el sitio, que se llama RegaloOriginal.com

Si deseas hacer cualquier otro tipo de regalo, simplemente puedes escribir "enviar regalos" en tu buscador online favorito, y encontrarás varias opciones para elegir según el país donde vivas.

Las florerías en línea y los sitios de regalos online ofrecen una amplia variedad de artículos, la mayoría de las veces con descuento. La conveniencia y el abanico de productos que se pueden adquirir con ellas, hace que ordenar flores (o cualquier otro regalo) por Internet sea una gran manera de mostrarle a alguien cuánto te importa, especialmente si tu pareja se encuentra lejos. Antes de intentar localizar una florería local en alguna zona lejana, deberías primero evaluar las opciones que tienes en Internet. Probablemente te lleves una grata sorpresa.

8

Redescubriendo el amor y la intimidad

Wendy empezó a buscar mi asesoramiento porque Enrique, su esposo desde hace 14 años, le acababa de decir que quería terminar con su relación. Wendy, aterrorizada por la idea de estar sola, entró en pánico. Tras unos pocos minutos de conversar telefónicamente con ella, entendí exactamente cuál era la causa verdadera de sus problemas de relación.

Wendy, proveniente de una familia en la cual experimentó muchas situaciones de negligencia, tenía un profundo miedo al abandono. En su familia había aprendido a ser una cuidadora de los demás, entregándose a la voluntad y al cuidado de los sentimientos y necesidades de los integrantes de su familia. Wendy había aprendido a meter sus propios sentimientos en el ropero, esperando que si cuidaba de todos los demás, alguien alguna vez cuidaría de ella. Siendo adulta, continuó manifestando este patrón, cuidando de su esposo e hijos pero ignorando completamente su cuidado personal. Como resultado, se enojaba mucho frecuentemente con Enrique y sus hijos cuando no la escuchaban o no le hacían caso.

A fin de cuentas, las personas nos tratan de la manera en la que nos tratamos a nosotros mismos. Como Wendy se consideraba alguien poco importante, Enrique y sus hijos también la consideraban como alguien poco importante. Como Wendy no se escuchaba a sí misma, Enrique y sus hijos no la escuchaban tampoco. Su ira para con Enrique y sus hijos por no prestarle atención o ni siquiera notar su presencia, solamente causaron que ella se aislara aún más de ellos. Y entonces llegó un punto en el que Enrique ya no podía vivir soportando el enojo de Wendy.

En vez de hacerse emocionalmente responsable por su propio bienestar, Wendy le cargaba ese peso a Enrique y a sus propios hijos. Se estaba abandonando a sí misma, tal y como sus padres la habían abandonado a ella, y esperaba que Enrique le diera lo que nunca recibió de sus padres.

Enrique tampoco estaba siendo emocionalmente responsable. Había pasado mucho tiempo de matrimonio tratando de hacer feliz a Wendy e ignorando sus propios sentimientos y necesidades. Dudaba entre resistirse a ello o asistir a la causa. Cuando le daba la atención necesaria a Wendy, ella se sentía mejor, pero él experimentaba una sensación horrible de estarse perdiendo a sí mismo. Cuando se resistía a ello, Wendy se sentía rechazada y se enfurecía. Enrique terminó sintiéndose como una víctima de Wendy. La culpó de su miseria y sintió que no existía otra alternativa más que dejarla.

Terminé trabajando con Wendy y Enrique al mismo tiempo. Trabajando con el proceso de enlazamiento interno, Wendy aprendió a prestarle atención a sus sentimientos de abandono a sí misma, en vez de ir a Enrique o a sus hijos cuando estos sentimientos resurgían. Aprendió que el tomar responsabilidad por sus propios sentimientos de seguridad, valía, amor, felicidad y alegría, significaba ser alguien responsable de sí mismo en vez de alguien egoísta. Y en vez de volcar esta responsabilidad sobre Enrique, para que la hiciera sentir segura y valiosa, aprendió a responsabilizarse. Aprendió también que cuando asimilaba la responsabilidad de escuchar a sus sentimientos y hacerse cargo de ellos, ya no se sentía abandonada o enojada.

Enrique aprendió que tenía otra opción además de la de resistirse o ayudar a Wendy. Aprendió a tomar responsabilidad por sus propios sentimientos, diciéndole la verdad a Wendy cuando ella le gritaba o lo culpaba de algo. En lugar de ser una víctima, aprendió a valerse por sí mismo y a establecer límites amorosos en cómo lo trataba Wendy. Aprendió a decir, "No me gusta que me griten. No quiero estar contigo cuando me gritas y me culpas por tus propios sentimientos. Si no me puedes tratar con cariño y respeto, entonces no quiero hablar contigo ni pasar tiempo contigo. No me gusta estar contigo cuando me tratas de esta manera."

Al principio, Enrique se negaba a decirle tales cosas a Wendy. No quería herir sus sentimientos diciéndole la verdad. Sentía que la verdad era demasiado cruel, y que sería algo poco amoroso el decir tales cosas. Sin embargo, cuando tuvo la voluntad como para decir la verdad, se dio cuenta de que en realidad Wendy se mostraba agradecida de recibirla. En vez de enojarse o sentirse lastimada, apreciaba la honestidad, y le dijo que eso le ayudaba a aprender y a crecer.

Al final Enrique decidió no terminar la relación. Tras un período de un año, en el cual ambos hicieron el trabajo interno requerido, su relación cambió completamente. De hecho, él y Wendy alcanzaron un nuevo nivel de amor e intimidad en su relación, algo muy superior a lo que habían tenido cuando recién se habían enamorado.

"Amarse a uno mismo es el principio de una historia de amor eterna." Oscar Wilde.

Maneras de decir "Te amo"

Tienes una relación que ya lleva un tiempo, amas a tu pareja y quieres demostrárselo.

Tal vez le dices a veces "Te amo", pero puedes llegar a sentir que después de un tiempo esa frase ha perdido ese toque especial. Si le dices todos los días que la amas, se convertirá en algo común, y ya no tendrá ningún efecto sobre ella. Después de un tiempo, ella pensará que sólo lo dices pero que ya no lo sientes, y se preguntará si todavía te preocupas por ella.

Por eso es que es mucho mejor no decirle tan a menudo que la amas, sino demostrárselo. Las acciones dicen más que las palabras. Para mostrarle tus sentimientos verdaderos, debes hacerla sentir especial, incluso si han estado juntos por largo tiempo. Todos los días debes mantener viva tu relación sin permitir que la rutina se instale en sus vidas.

Aquí hay algunas maneras sencillas en las que puedes demostrarle tu amor sin decirlo. No estoy diciendo que nunca digas esas dos palabras ni que tampoco te refrenes cuando sientas decirlas, sino que a veces digas "Te Amo", pero procura que sea en momentos especiales.

Sorpréndela todos los días con algo que ella ni siquiera hubiera pensado que harías. Por ejemplo, después de pasar una noche juntos, levántate más temprano para prepararle el desayuno y llevárselo a la cama. Este es definitivamente un buen comienzo para un gran día.

Dale un beso suave antes de irte a trabajar y demuéstrale que incluso en el trabajo estás pensando en ella, dejándole mensajes en su correo de voz, tal vez recitándole poemas amorosos.

Hoy en día existen numerosas aplicaciones que puedes instalar en tu teléfono móvil, las cuales están llenas de poemas y frases para enamorar que puedes compartir con tu pareja.

Haz que todos los días sean especiales. Pasa ratos agradables con ella, cocínale su comida favorita, déjale notas amorosas en su almuerzo y no olvides halagarla cada tanto, dile que se ve increíble, como el día en el que se conocieron.

Sal temprano del trabajo y sorpréndela con una docena de rosas y con la cena pronta sólo para mostrarle lo mucho que la amas. Prepara una velada especial con una cena iluminada sólo por las velas. ¿Qué puede ser mejor que un buen vino y una buena cena a la luz romántica de velas rojas?

Dale rosas sin ningún motivo aparente. Dale flores con alguna nota especial anexada que diga "Te Amo". Sin embargo, nunca olvides los aniversarios o su cumpleaños.

Además, podrías ofrecerle una noche especial dándole un masaje relajante, alquilando una película romántica, o creando una atmósfera romántica al bailar juntos con una música suave, su favorita, y ahí es cuando le susurras al oído "Te Amo".

Tienes que hacer cosas nuevas todos los días para mantener vivo tu amor y para que tu pareja no se sienta aburrida contigo. Tienes que estar siempre intentando impresionarla y hacerla sentir bien contigo.

Por ejemplo, pasa una noche con tu pareja bajo las estrellas, y habla acerca de tu primera cita juntos, y al otro día prepara todo y llévala a un picnic, o reserva un tiempo en una piscina para los dos.

Tienes muchas posibilidades para demostrarle tu amor, pero no te olvides de que cada tanto es agradable escuchar esas dos palabras: "Te amo".

Cinco consejos para revitalizar la energía de tu amor

Tienes la capacidad de irradiar y revitalizar tu energía amorosa para atraer experiencias más deseables. Cuando te sientes mimoso, atraerás más amor. Al sentirte bien acerca de ti mismo, atraes a los demás hacia ti.

1. Siéntete motivado y entusiasmado acerca de la vida y el amor. Cuando toda tu energía se enfoca en tus relaciones, se hace difícil enfocarte en ti y en lo que deseas crear. Se convierte en algo desafiante el mantener una salud equilibrada emocional, mental y físicamente. Cuando tu energía se avoca a una relación infeliz o abusiva con alguna persona negativa o de mal comportamiento, eres vulnerable a la enfermedad y el agotamiento. Pierdes tanta energía vital al intentar que las cosas con esa pareja vayan bien, que terminas consumido.

2. Libera pensamientos indeseables. Cuando piensas acerca de tus problemas pasados, tu energía se enfoca en ellos. ¿Has perdido tiempo pensando y preparando el futuro, preocupándote de lo que todavía no ha sucedido? Cuando saltas hacia situaciones o eventos del pasado o del futuro, es difícil apreciar y aprovechar al máximo el momento presente, lo que estás viviendo hoy. Recuerda que atraes aquello en lo que piensas, así que cuando malgastas tu tiempo pensando en cosas o sentimientos que no quieres para ti, eso te deja con menos energía para lograr lo que realmente deseas.

3. La energía del amor es embriagadora. ¿Recuerdas haberte sentido enamorado? La energía del amor es atrayente. Ten contacto con esa energía amorosa y embriagadora para incorporar sentimientos positivos y de amor puro a tu vida. Conectarte con un sentimiento amoroso verdadero genera una sensación de seguridad y puede llegar a ser una columna en tu vida. Cuando te sientes seguro te liberas de toda esa ansiedad, incomodidad y malestar, permitiendo que tu expresión sexual natural fluya libremente.

4. Incrementa tu esencia de amor vibrante. Recuperar tu energía no solamente te ayudará a frenar pensamientos indeseados, sino que también disminuirá la confusión e incrementará tu habilidad para comunicarte con tu propia voz interna. Para recuperar tu energía, visualiza un sol dorado y brillante encima de tu cabeza. Permite que reclame magnéticamente tu energía de lugares en donde la dejaste. Entonces, con tu imaginación, introduce a este sol dorado dentro de tu cuerpo, para que vaya rellenando todas sus células. Imagínate a ti mismo envuelto en esta esencia poderosa y vibrante de ti mismo.

5. Revitalízate a ti mismo, donde sea y cuando sea. Puedes reponer tu energía donde sea que te encuentres, a lo largo de todo el día. Esperando en una cola estancada del supermercado, después de una junta agotadora con tu jefe, o durante un partido de fútbol con tus hijos, puedes reponer tu energía. Revitaliza tu espíritu caído en cualquier momento. Puedes "re-energizarte" a ti mismo tanto como quieras. Comienza a sentirte más liviano, más vivo, relajado y calmo a medida que recuperas más de tu energía. Existe una cantidad ilimitada de energía que puedes tomar para ti mismo.

Cuando tienes más de tu propia energía vital concentrada en tu espacio energético y en tu cuerpo, generarás inercia y atraerás más de lo que deseas. Mediante la práctica, tu energía se vuelve más poderosa y magnética. Tu efervescencia natural empezará a salir por borbotones mientras liberas el estrés acumulado e irradias tu sensualidad natural.

Mejora tu relación: 10 maneras de enamorarte nuevamente de tu pareja

Cada día de San Valentín, Juan le regalaba a Susana un gigante y hermoso ramo de flores junto a una nota que decía siempre las mismas cinco palabras: "Mi amor por ti crece." Lo hizo durante todos los 46 años que estuvieron casaron. Llegó un día cuando, tristemente, Juan murió.

Y a medida que el día de San Valentín se acercaba, Susana sabía que esta vez no debía esperar nada. Pero cuando ella recibió el mismo ramo de flores que recibía todos los años junto con la nota de Juan, Susana, afligido y enfadada, llamó a la florería para quejarse por ese truco tan cruel.

Pero el personal de la florería le aseguró a la viuda que no se trataba de un error: "Antes de morir, su marido pagó por adelantado muchos años en el futuro, y nos pidió que garantizáramos que usted siga recibiendo estos mismos ramos todos los días de San Valentín."

Cuando Susana colgó el teléfono, leyó la carta adjunta que esta vez decía: "Mi amor por ti es eterno."

Nuestras relaciones románticas tienen el potencial de provocarnos gran felicidad, pero también pueden llegar a ser la fuente de un gran dolor y sufrimiento. Al comienzo de una relación estamos locamente enamorados, y parecería que nuestro sueño se ha vuelto realidad. Desafortunadamente estos alegres sentimientos pueden desaparecer con el tiempo, y entonces nos empieza a costar mucho más sentir amor por nuestra pareja. Entonces, ¿cómo podemos redescubrir estos sentimientos maravillosos que experimentamos al comienzo de nuestra relación?

Aquí hay diez cosas que puedes hacer que mejorarán tu relación y te permitirán enamorarte de nuevo de tu pareja, ¡como si fuera la primera vez!

1. Las dificultades en una relación pueden ser dolorosas, pero representan una buena oportunidad para que tú y tu pareja remedien sus problemas de inseguridad y construyan una mejor relación. Detrás de cada problema existe algún tipo de cuestión negativa propia de cada uno, y eso los está separando. Trata de visualizar los problemas como oportunidades para mejorar la relación. La solución es averiguar cuál es el problema emocional que está en el medio del conflicto.

2. Cuando sea que sientas dolor emocional en una relación, resiste la tentación de separarte de tu pareja. Ese es el momento en el que precisamente se necesitan más el uno al otro. Ármate de coraje y acércate a tu pareja tanto física como emocionalmente.

3. La comunicación de los sentimientos y miedos de cada uno es lo que sana las relaciones. Trata de que este sea siempre tu objetivo. Intenta averiguar qué es lo que está sintiendo tu pareja. Si expresas tus propios sentimientos con sinceridad y sensibilidad, animarás a tu pareja a hacer lo mismo. ¡Recuerda que incluso el mal comportamiento es una forma de comunicación!

4. Nadie puede hacerte sentir algo que ya no hayas estado experimentando a nivel subconsciente. Lo que hace el comportamiento de tu pareja es activar este dolor emocional

escondido sin curar. Ten la voluntad de ganar algo de percepción emocional, hazte responsable y soluciona estas inseguridades. Como dijo Gandhi: "sé el cambio que quieres ver en el mundo." Lo mismo se aplica a nuestras relaciones.

5. Aprecia a tu pareja basándote en todos sus atributos, dones y belleza – dile y demuéstrale lo mucho que la amas. Eso es lo que hiciste cuando te enamoraste de esa persona, y funcionará durante toda la relación. No hay razón alguna por la cual la etapa de "luna de miel" de una relación no pueda durar por siempre.

6. Si te sientes decepcionado con tu pareja o sientes que no te está dando algo que es importante para la relación, dale exactamente lo que a ti te está faltando. ¡Casi mágicamente te corresponderá con el mismo trato!

7. El sexo puede ser una hermosa celebración del amor en una relación – ¡por eso lo llamamos hacer el amor! Permite que el sexo pase de ser algo puramente físico, a una experiencia que esté llena de emoción – pon tu amor dentro de tu pareja mientras tienen sexo, y haz un fuerte contacto visual. Si tienes algún tipo de creencia espiritual, puedes llevar el sexo al más alto nivel tántrico de conexión física, emocional y espiritual, donde sentirás que te fundes en uno solo con tu pareja.

8. Si has tenido una pelea, discúlpate por cualquier mal comportamiento que hayas tenido, y reconoce que tu pareja también se estará sintiendo mal. Acércate a ella, perdona y reconéctate lo más pronto posible. Inicia una conversación trascendente acerca de la causa de la discusión.

9. Si estás teniendo problemas realmente importantes en tu relación, y crees en alguna forma espiritual de alto poder, entonces pide ayuda y guía. De esta manera encontrarás la inspiración para atravesar las más dolorosas o trágicas

situaciones. Si no tienes ningún tipo de creencia espiritual o religiosa, entonces pídele ayuda a tu mente elevada o intuitiva.

10. Las relaciones fracasan porque permitimos que se genere un distanciamiento entre nosotros y nuestra pareja. Lo que damos en una relación es lo que recibimos. ¿Qué tan incondicionalmente le das a tu pareja? Dale a tu pareja sin esperar recibir algo a cambio, y pronto encontrarás que el amor y la alegría vuelven a la relación.

9

Consejos prácticos para hombres

Estar enamorado de una chica e iniciar una relación es algo maravilloso. Las relaciones duraderas están usualmente basadas en amor, confianza y sinceridad. A pesar de que la sinceridad es muy importante para una relación, a veces podría resultar hiriente. Hay ciertas cosas que no se deben decir a la pareja, porque podría resultar lastimada, o cambiar su opinión acerca de ti. Por ejemplo, cosas malas que hayas hecho en el pasado, alguna verdad sobre ella que le hará sentirse mal si se lo dices, y cosas por el estilo.

Incluso si la amas mucho y se están volviendo muy cercanos, ese tipo de cosas que podrían afectar a tu relación deberían ser mantenidas en secreto. A veces lo mejor que puedes hacer para demostrarle tu amor es mantener la boca cerrada. Entonces, antes de empezar a ser demasiado íntimo y directo con ella, deberías evaluar un poco estas cosas que podrían destruir tu relación.

Nunca le digas que se está poniendo gorda. Incluso si esto es cierto, no se lo puedes decir. Se sentirá muy mal, y pensará que ya no le gustas. Piensa en cómo se sentiría si te le acercas y le dices: "Cariño, no te vendría mal perder algo de peso…". Deja que ella decida cuándo es hora de perder peso, porque entonces lo hará sin que la lastimes. En la mayoría de los casos, cuando un hombre le dice a su novia que está gorda, poco después es abandonado.

No le digas cómo habría hecho las cosas tu madre. Sé que para los hombres sus madres siempre representan un modelo a seguir en la vida, pero hay que admitir que todas las familias son distintas. Debemos reconocer que hemos sido criados por diferentes tipos de padres, y por consiguiente hemos sido educados con diferentes estilos de vida. A todos se nos enseña a hacer las cosas de manera diferente, es por eso que no le puedes pedir a tu novia que haga las cosas como tu madre. Una mujer puede tener sus propios puntos de vista y opiniones, y todo lo que puedes hacer en este aspecto es contarle acerca de cómo fuiste criado, y cómo se hacían las cosas en tu familia. Deberías adaptarte a esta nueva manera de vivir sin comparar a tu pareja con tu madre.

No le digas que te gusta visitar a tu madre tan a menudo. Puede suceder que en ese momento aprecies más a tu madre que a ella, pero no tienes por qué demostrarlo. Podría pensar que está compitiendo con tu madre, o peor, que eres dependiente de tu mami. Y ninguna de las dos cosas te favorecerá.

No la critiques cuando está dando lo mejor de sí. Esto es lo peor que puedes hacer. Si ella ve que al tratar con todas sus fuerzas para hacer las cosas bien tú empiezas a criticarla, se decepcionará, porque tú no sabes apreciarla cuando está dando lo mejor de sí. Deberías superar esto y ofrecerle tu ayuda en lo que sea que esté haciendo. Tal vez para la próxima lo haga mejor.

Nunca le digas que ella no le agrada a tu familia. Incluso si no le cae bien a tu familia, lo mejor es no decírselo, porque se enojará y sentirá inseguridad. Esto creará problemas futuros y tensión entre ella y tu familia. Todo lo que puedes hacer es intentar logar que tu familia entienda que ella es la persona indicada para ti, y que tienen que respetar tu decisión. Intenta hacer que cambien su opinión acerca de ella.

No menciones a tu ex en algún momento especial. Nunca compares tus noches de salidas o las cosas que haces con tu pareja con lo que solías hacer con tu ex. Puede pasar que vayas con ella a lugares en donde has estado con tu pareja anterior, pero no le hagas saber eso. Es algo hiriente para ella ver que todavía sigues pensando en tu ex-novia.

Y tampoco la compares con tu ex en la cama, nunca. Se sentirá mal al saber que la otra era mejor que ella en la cama. A ninguna mujer le gusta ser comparada con otra en ningún aspecto.

No admitas nada si has hecho cosas malas en tu pasado. Si todavía no se enteró, mejor mantén la boca cerrada; es algo a tu favor. Si le cuentas que has engañado a tus novias anteriores, por ejemplo, ella generará una opinión totalmente negativa de ti, y también se sentirá decepcionada. Nunca debes comentar esas cosas.

Nunca le digas que un partido de fútbol es más importante que ella. Incluso si es un partido importante, no le digas que te deje en paz en ese momento porque estás ocupado y no tienes tiempo para ella. Mejor sonríe y haz como si la estuvieras escuchando a ella también, y trata de captar palabras clave.

Puede llegar a preguntarte qué es lo que acaba de decir, para probarte.

No le digas que odias a sus amigas. Como ella conoce a sus amigas desde mucho antes que a ti, no es una buena idea decirle que no te agradan sus amigas, o mencionar cosas malas sobre ellas. Se podría llegar a enojar, así que mejor haz como si te agradaran o aún mejor, trata de iniciar una conversación sincera con ellas.

No le pidas que se calme cuando esté muy enojada. Cuando está muy alterada, asustada, o muy enojada, lo peor que puedes hacer es pedirle que se calme. Esto la enojará aún más, porque pensará que no la tomas en serio. Si la alteras por haber hecho cosas malas, si tan sólo le dices que se calme, ella pensará que estás negando la existencia de una razón para alterarse.

No demuestres que eres inseguro. En una relación, o en una cita, la mujer siempre busca a un hombre fuerte y seguro de sí mismo. Entonces, si eres inseguro, o celoso de ella porque, por ejemplo, gana más dinero que tú, tienes que lidiar con estas cosas internamente. Si quieres que las cosas entre ustedes dos funcionen debes poner fin a esos deseos de controlar a la otra persona y en su lugar, esfuérzate por afianzar tu autoestima.

No declares tu amor durante una pelea. Las palabras "te amo" significan mucho para una mujer, y por eso deberían ser pronunciadas en el momento preciso. Pero la mayoría de los hombres las dicen cuando están peleando con su pareja, en el peor momento posible, pensando que eso lo arreglará todo. Cuando te estás equivocando en frente de ella, y digamos que te sientes culpable y quieres que ella te perdone, entonces declaras tu amor. Es una mala elección. No se creerá una sola palabra de lo que digas porque considera que si realmente la amaras no la habrías alterado en primer lugar. Puedes decir que la amas pero sólo después de que la pelea haya terminado.

Si quieres tener una relación dinámica y duradera, te conviene seguir estos consejos, pero por sobre todo, ser sincero y abierto con tu pareja.

10

Acciones de amor

Myrna, una médica exitosa de 38 años, buscó mi asesoramiento porque frecuentemente se sentía fuera de lugar. Aunque realmente se valoraba a sí misma como profesional de la medicina, no se valoraba en sus relaciones importantes con amigos y familiares. Además, decía que quería estar en una relación amorosa, pero no se movía lo suficiente como para hacer ese deseo una realidad.

Mientras duró nuestro trabajo juntas, se volvió evidente que Myrna casi nunca realizaba acciones amorosas que podrían beneficiarla para con sus amigos o familia. Por ejemplo, Jésica, una de las amigas de Myrna, solía enojarse a menudo y la culpaba cuando ella no estaba disponible para cenar debido a otros compromisos laborales. Myrna se sentía culpable y responsable por los sentimientos de Jésica, entonces se juntaba con ella para cenar aunque estuviera agotada luego de un largo día de trabajo.

Myrna se sentía exhausta tras estas cenas, e incluso deprimida en los días posteriores, sin darse cuenta de que eso sucedía porque no se preocupaba por cuidar emocionalmente de sí misma.

Myrna se dio cuenta de que la razón por la que tenía miedo a estar en una relación era porque no tenía idea de cómo preocuparse por sí misma cuando se encontraba cerca de otras personas. Le horrorizaba perderse a sí misma completamente en una relación importante. Se dio cuenta de que si no podía hacer lo que quería cuando se enfrentaba con los pedidos de Jésica, ¿cómo haría valer su opinión y sentimientos en una relación con un hombre del que estuviera enamorada? Se dio cuenta de que continuaría sintiéndose sola, ansiosa, fuera de lugar y deprimida hasta que aprendiera a tomar acciones amorosas por sí misma.

Mucha gente sufre diariamente de ansiedad, depresión, estrés y enojo, así como de sentimientos de culpa, vergüenza o de sentirse fuera de lugar. La causa principal de estos sentimientos es la falta de acción propia, enfocada de manera amorosa para con uno mismo.

Las acciones de amor pueden ser divididas en dos categorías: acciones de amor para ti mismo y acciones de amor en una relación con otras personas. Veamos esto más en detalle.

Acciones de amor para ti mismo

Las acciones de amor para ti mismo son esas acciones que realizas para satisfacer tus propias necesidades. Cuando realizas alguna actividad pensando en ti, te estás haciendo saber que importas, que eres significativo y que vales. Cuando fracasas en el intento de tomar este tipo de acción, te estás dando a ti mismo el mensaje de que no eres importante, lo que conduce a tener sentimientos depresivos y de estar fuera de lugar.

Las acciones de amor para tu beneficio incluyen:

- Alimentarte con comidas nutritivas, evitar la comida chatarra y los azúcares, comer cuando tienes hambre y detenerte cuando ya estás satisfecho.

- Hacer suficiente ejercicio físico.

- Mantener los ambientes de trabajo y de tu casa limpios y organizados.

- Dormir lo suficiente.

- Crear un equilibrio entre el trabajo y el juego. Asegúrate de que tienes tiempo para cumplir con tus tareas, así como también tiempo para no hacer nada, reflexionar, aprender, jugar y crear.

- Pasar tiempo a diario con las personas a las que amas y que se preocupan por ti.

- Ser organizado con tu tiempo, llegar a los lugares a la hora establecida, pagar las cuentas en tiempo y forma y cosas por el estilo.

- Elegir ser compasivo con ti mismo en vez de crítico.

- Crear un equilibrio entre el tiempo para ti mismo y el tiempo para estar con otras personas.

- Asegurarte de que estás físicamente seguro, usando un cinturón de seguridad en el auto, un casco en una motocicleta o bicicleta, gafas cuando sea necesario, etc.

Acciones de amor en una relación con otras personas

Las acciones de amor en una relación con otras personas

incluyen las siguientes:

- Ser amable y compasivo hacia otras personas, pero sin comprometer tu propia integridad o ignorar tus propias necesidades y sentimientos.

- Decir no cuando quieres decir que no, y sí cuando quieres decir que sí, en vez de entregarte y hacer algo que no quieres hacer, o en vez de rechazar automáticamente cualquier propuesta que te hagan.

- Atender tus propias necesidades en vez de intentar cambiar y controlar a los demás. Aceptar tu falta de control sobre los demás, y aceptarlos como son o no permanecer a su lado.

- Decir la verdad acerca de lo que te parece aceptable y lo que no, y entonces tomar acción por ti mismo basado en esa verdad.

- Hacerte personalmente responsable por tus propios sentimientos y necesidades, en vez de ser una víctima y hacer a los demás responsables por los mismos.

- Crear un equilibrio entre dar y recibir, en vez de que todo sea en una dirección a favor de otra persona.

Como resultado de haber aprendido a cuidar mejor de sí misma estando sola o rodeada de gente, Myrna dejó de sentirse deprimida o fuera de lugar. Gradualmente perdió todos sus miedos relacionados con estar en una relación, y actualmente se muestra encantada de conocer a hombres que están disponibles para el amor.

Estimula el amor con velas de aromaterapia

Cuando estás intentando generar un ambiente romántico, necesitas tener en tu arsenal algunas velas de aromaterapia de calidad. Estas velas de aromaterapia serán las que hagan triunfar o fracasar tu velada romántica. Necesitas tener un cuidado especial cuando eliges las velas que vas a usar. No existe nada peor que un aroma horrible para anular la excitación de una persona, y nada mejor que un buen aroma para encenderla. Lo que hay que hacer es saber identificarlas, porque lo que te puede resultar agradable podría ser desagradable para tu pareja.

Cuando estás en las fases de planeamiento de tu noche especial, necesitas averiguar de antemano qué tipo de aromas le gustan a tu pareja. Los hombres a menudo responden bien con el aroma a vainilla. Algunos expertos incluso dicen que las esencias de vainilla son un afrodisíaco masculino. Si tu pareja es un hombre, deberías conseguir unas buenas velas de aromaterapia con esa fragancia. Las mismas lo pondrán en la sintonía adecuada apenas entre al cuarto.

Lo que hace que la vainilla sea una muy buena elección en cuanto a velas de aromaterapia es que le gusta a casi todo el mundo, ya sean mujeres u hombres. Muy pocas personas sienten aversión por las velas de aromaterapia de vainilla, y no le quitarán el apetito a nadie. Si tienes encendidas algunas de estas velas de aromaterapia cuando comes, harán que incluso tu cena tenga un mejor sabor. Ponen a las personas en un muy buen humor, y también les provoca hambre.

Puedes poner velas por toda tu casa, pero es conveniente que lo hagas únicamente en los cuartos que usas a menudo. Podrías querer mezclar tus velas de aromaterapia con otras velas sin esencia. Si tienes demasiadas velas aromáticas alrededor, el olor puede ser abrumador y eso nunca es bueno. Lo que quieres es que tus cuartos tengan un aroma sutil y estimulante. Una o dos velas aromáticas en un cuarto son una cantidad adecuada.

También deberías tener cuidado con las velas que eliges. Si quieres mezclar esencias de velas, necesitas hacerlo con atención. Algunas esencias no se mezclarán de ninguna manera. Antes de que tengas tu velada romántica y especial, necesitas probar los olores juntos para ver si combinan bien. Esto es vitalmente importante para el resto de tu velada.

Tal vez sería mejor usar velas que no tengan aroma en la mesa de la comida. Tener velas de aromaterapia en la mesa probablemente no sea una muy buena idea, ya que puede interferir con los sabores mismos de la comida.

También puedes tener velas aromáticas en tu dormitorio, pero no las dejes prendidas a menos que estés en él. Nunca deberías dejar velas encendidas sin cuidarlas por mucho tiempo, especialmente si tienes mascotas, ya que éstas podrían tirarlas e iniciar un incendio. Toma en cuenta la seguridad ante todo a la hora de utilizar velas.

No dejes morir al amor romántico

El amor, y una relación basada en él tienen muchas etapas. La etapa romántica no dura mucho. Es la parte más satisfactoria de la relación, pero desafortunadamente se termina muy pronto. La alegría es de corta duración. Tras esta fase viene la fase del entendimiento maduro entre la pareja, la cual puede causar muchas disputas y separaciones en su camino. ¿Por qué permitimos que esa etapa ocurra? ¿O por qué muere el amor romántico? ¿No podemos continuar en aquella primera fase por siempre? Averigüémoslo.

En la etapa del amor romántico, los amantes sienten mucha pasión el uno por el otro. Quieren estar juntos. Quieren hacer al otro feliz. Su único objetivo es disfrutar del romance, mandarse notas amorosas entre sí y disfrutar de la dicha del romance. Después de un tiempo, esta etapa se esfuma debido al ego, malentendidos, la rutina diaria, expectativas no cumplidas y otros problemas de la vida que se habrán vuelto más importantes. ¿No podemos estirar el amor romántico para siempre? La experiencia dice que esto no es posible, pero existen algunas excepciones. ¿Por qué no permitir que sucedan esas excepciones? Veamos esto debajo.

Habla de esta cuestión con tu pareja al principio de la fase romántica. Dile acerca de que el amor romántico muere pronto. Haz un pacto en el que se llegue al acuerdo de que, sin importar lo que pase, no dejarán que ningún malentendido, expectativa o cualquier otro problema acaben con el amor romántico. Pienso que no existe otra manera de mantener el romanticismo vivo por siempre. Si puedes lidiar con eso, tu vida será la envidia de todos los demás.

Secretos guardados

Todos mantenemos algunos secretos que no contamos a nuestra pareja. Las personas guardan secretos por muchas razones. La mayoría de las veces la gente se siente avergonzada o tienen miedo del posible rechazo u hostilidad que pueda manifestar su pareja.

Y la investigación muestra que es mejor para uno mantener ciertas cosas en privado, especialmente cuando la pareja seguramente podría responder de manera negativa. Ser rechazado, despreciado o estigmatizado no le sirve de ayuda a nadie para superar algún asunto serio.

Pero del mismo modo la realidad indica que guardar secretos también puede ser muy dañino.

Guardar secretos a menudo hace posible que las personas eviten lidiar con un problema que se presenta. Guardar secretos genera un estrés que día a día va en aumento, lo cual acrecienta la ansiedad, y muchas veces hace que la persona piense acerca del asunto con mucha más frecuencia.

Por ejemplo, las personas que están secretamente enamoradas de alguien viven pensando constantemente en ese remolino de sentimientos mucho más que aquellos que son capaces de hablar acerca de lo que sienten de manera más abierta. La mayoría de las veces mantener algo en secreto le otorga una importancia superior a la que realmente tiene.

De la misma manera, revelar secretos es algo que ayuda mucho cuando se hace bien; esto quiere decir, en un ambiente seguro, donde nadie nos juzgue. Contar secretos puede disminuir el estrés, ayuda a las personas a liberarse de algún problema, y les permite pensar más claramente acerca de ello.

Si un secreto te está molestando, sacarlo afuera es algo que realmente ayuda, siempre y cuando las personas a las que se lo cuentas no reaccionen de manera negativa o usen la información en tu contra.

De hecho, la investigación demuestra que la simple tarea de escribir un secreto en papel, incluso si nadie nunca lo lee, hace que las personas se sientan mejor. Escribir un secreto para reducir el estrés – es algo catártico.

Cuando estás dudando

¿Sabes lo que hago cuando estoy dudando del amor de mi vida y cuando siento que necesito algún tipo de afirmación? Pienso en la persona de la cual estoy enamorada y hago una lista indicando las razones por las cuales estoy enamorado de ella. Pienso en las cosas que esa persona aporta a mi vida, como la alegría, la pasión y el romance, por nombrar unas pocas. También pienso en lo que puedo innovar para hacer feliz a esa persona. No hay nada mejor en el mundo que ser capaz de hacer reír a alguien más, y si estás enamorado de esa persona entonces se convierte en algo incluso mejor.

¿El amor es una emoción maravillosa, no? Cuando estás enamorado de alguien parecería como si pudieras hacer cualquier cosa, sientes que no hay nada que no puedas hacer. Estás en una nube de éxtasis y todo lo que esa persona hace es maravilloso, y piensas que esa persona no puede hacer nada mal.

Hay tantas maneras distintas de expresar tu amor: postales, flores, cartas de amor, expresar sentimientos, compartir momentos inolvidables, viajar, dar regalos, las posibilidades son interminables. Mi forma favorita de mostrarle a alguien que lo amo es una cena íntima a la luz de las velas y bajo las estrellas. Para mí, tomarse el tiempo de preparar una comida exquisita y después presentarla de la manera más perfecta, le dice mucho a la persona acerca de lo que sientes por ella. Se siente especial y amada.

Cuando siento que el amor quiere desvanecerse sólo empiezo por planear un poco. Encuentro una receta de alguna comida que sé que le gusta a mi pareja, y la combino con un buen vino. Preparo la mesa perfecta con un bello mantel, servilletas de tela y pongo velas como centro de mesa. Me aseguro de poner unos buenos cubiertos (los cuales ahora tengo, pero en muchas ocasiones tuve que pedir prestado). La comida es servida en vajilla de porcelana, mientras suena música suave y romántica. Es como si fuéramos las dos únicas personas en el mundo.

También me gusta escribir cartas de amor y poemas. La escritura de cartas de amor es un arte en vías de extinción, y creo que las cartas escritas a mano están extinguiéndose debido a la invención del Internet y de los teléfonos celulares con correo electrónico, mensajes de texto, Whatsapp, etc.

Es una lástima que esos primeros sentimientos de amor que se experimentan en los inicios de una relación no duren mucho, y creo que en la mayoría de los casos la vida obstaculiza muchas cosas con el ajetreo diario. Aunque, ahora que lo pienso, supongo que esos primeros sentimientos son reemplazados por otros, como los de seguridad y contentamiento. Algunas personas podrían pensar que estar conforme con una relación es algo un poco aburrido, pero si estás con la persona adecuada, entonces la conformidad es un beneficio adicional.

Significa que estás cómodo y que no tienes que intentar impresionar a la otra persona o tratar de ganártela. Ya lo has hecho, y te ha aceptado por quien eres, de manera incondicional. ¿Qué más podrías pedir?

Aquí hay un buen ejercicio que puedes intentar: si estás en una relación estable y puedes permanecer en el mismo cuarto, en silencio y por más de 10 minutos sin sentir que deberías decir algo, entonces probablemente eso quiere decir que estás conforme y a gusto con la relación, y con eso no hay nada de malo.

Así que ya lo sabes, si en alguna oportunidad necesitas que tu amor se afirme, así como a veces yo lo necesito, prueba alguna de estas sugerencias y te aseguro que encontrarás la alegría y la conformidad nuevamente en muy poco tiempo.

11

Prueba de amor:
¿Sientes atracción por otra persona?

Evaluemos esta situación. Estás enamorado y has avanzado en tu relación. Ambos están felices el uno con el otro y están planeando acerca de un futuro juntos. Pero de repente una tercera persona entra en tu vida. Te enamoras de esa persona. Encuentras un magnetismo casi animal que te atrae hacia ese nuevo participante, y te sientes inútil frente a la situación. Deseas romper con tu actual pareja y desarrollar una relación con la nueva persona. ¿Te estás confundiendo con respecto a lo que deberías hacer?

Esta situación no es tan inusual. Muchos matrimonios se han acabado por algún escenario como el descrito anteriormente. Muchas relaciones han sido destruidas. La frustración para entender la situación y el fracaso para juzgar correctamente la misma puede dejar devastados a los que fueron una vez pareja. Veamos esta situación en detalle y discutamos las opciones posibles.

El primer paso sería evaluar la relación en la que todavía estás. Piensa acerca de si serías feliz o no tras romper ese vínculo. Si llegas a la conclusión de que la infelicidad será el más posible resultado para ti, deberías olvidarte de la idea de desarrollar una nueva relación con otra persona y seguir con la más antigua.

Si estás sintiendo una fuerte atracción hacia el nuevo participante, por favor piensa en las razones por las que ello ocurre. ¿Cuáles son las razones de tu atracción? ¿Es sólo lujuria o hay algo más? ¿Estarías más satisfecho con esa relación? ¿O sería eso algo solamente temporal hasta que otra persona más entre en tu vida?

Una relación no puede ser desarrollada a partir de una atracción repentina, menos si solamente está basada en atracción física. Una relación duradera y estable tiene que crecer lentamente y ambos miembros de la pareja deben contribuir para generar una buena relación. Antes de entrar en una nueva relación, por favor considera todas las opciones posibles, y entonces decide. Las acciones apresuradas y puramente emocionales pueden dar como único resultado duradero el dolor.

Cómo eliminar los sentimientos de culpabilidad

Cuando la mente permite que la culpabilidad tome el control, destrozará la relación, especialmente si la pareja no consigue superar este episodio. Para determinar si tu mente está llena de culpa, primero debes hacerte ciertas preguntas. ¿Qué fue lo que hiciste tan mal como para ofender a tu pareja que ésta no te pueda perdonar?

La culpa puede trastornar la mente hasta un punto sin retorno. La culpa es más que un error cometido; más bien es un atentado contra los derechos, la humanidad, las creencias, la tradición, los estándares y el amor.

Cuando una persona fracasa en una relación, podría llegar a sentir un poco de culpa. Así, enfrentar el problema ahora puede llegar a remover la culpa y hacer que la relación funcione. Cuando las personas se enfrentan a sus problemas, a menudo esto lleva a la creación de acuerdos viables. Cuando se es perezoso, o se miente para encubrir lo que se ha hecho mal, la mente se consume a sí misma con emociones basadas en la culpa.

La culpa tiene lugar cuando las acciones o pensamientos conscientes interfieren con los derechos de alguien más, o incluso contra las creencias de la propia persona. Los errores que llevan a la culpa dependen de la situación, pero mayoritariamente lo que se ha hecho mal se puede arreglar si existe algo de humanidad.

Si una persona comete una infidelidad, el problema puede llegar a ser resuelto si la persona actuó emocionalmente, no pensando conscientemente, y se compromete a restaurar la confianza que existía anteriormente. Por supuesto, tus acciones, esfuerzos, comportamientos y hábitos deben demostrarle a tu pareja que ese error no se volverá a cometer nunca más. Depende de la pareja, pero algunos perdonarán, mientras que otros se tomarán este "insulto" como una manera de entender la importancia que se les da, y probablemente decidan que la separación y/o el divorcio es la solución.

La infidelidad es una manera de hacerle ver a tu pareja que no vales nada. Si la pareja decide perdonar, entonces debes trabajar y permitir que la culpa se transforme en un esfuerzo para restaurar la confianza. Necesitarás consideración, lealtad, compasión, honestidad e incluso tal vez necesites decirle a tu pareja todo lo que haces durante el día, por un tiempo, mientras dure esta recuperación. Una persona que está realmente arrepentida trabajará duro, sin importar lo que necesite hacer para recuperar la confianza de su pareja.

Si una persona viola los derechos de su pareja, lo que suceda depende de la magnitud de esta transgresión, pero en la mayoría de los casos, se puede llegar a un acuerdo. Las personas a veces actúan emocional e impulsivamente, y en ocasiones actuarán desde la lujuria. Cuando las emociones, impulsos y deseos toman el control (dependiendo de la duración del período en el cual existe el control), la persona podría llegar a hacer cosas que normalmente no haría.

Entonces, el adulterio o infidelidad es una razón justificada para divorciarse o separarse de la pareja, pero tener una visión de todo el espectro de circunstancias puede ayudar a una persona a tomar una decisión. ¿La pareja fue acaso seducida por otra persona para cometer la infidelidad, mientras esta se encontraba vulnerable emocionalmente? Sin embargo, la vulnerabilidad no es una excusa válida para la pareja, pero si la seducción fue el caso, entonces dos personas te han hecho mal. ¿Fue acaso la otra persona en cuestión engañada? ¿Tu pareja le hizo creer a la otra persona que no estaba comprometida?

Examinar toda la situación completamente puede ayudar al miembro damnificado de la pareja a determinar la dirección en la que irá la relación, y ayudar al miembro infiel de la pareja a decidir qué es lo que él/ella necesita hacer para compensar por sus errores.

El divorcio es un ataque a las emociones, ya que es como si un disparo de arma de fuego golpeara directamente al corazón y a las emociones para crear dolor, tristeza y desengaño. El divorcio es una muestra clara del desprecio por el compromiso matrimonial, salvo que las razones para el mismo sean verdaderas y evidentes. El divorcio debería ser considerado únicamente si un miembro de la pareja comete una infidelidad, abusa de su pareja, o fracasa al cumplir con el acuerdo matrimonial.

Si estás en una relación y tu pareja ha cometido una falta insultante contra ti, tal como la infidelidad, entonces considerar la situación completamente te ayudará a hacer una decisión sabia. Si otra persona sedujo a tu pareja mientras ésta se encontraba vulnerable, podrías considerar preguntarle a tu pareja qué pasaba por su cabeza en ese momento. Si tu pareja responde con un "no estaba pensando en ese momento", entonces podrías preguntarle, "¿cómo puedo saber que no sucederá otra vez?" Si tu pareja lo lamenta sinceramente, él/ella te lo hará saber con sus palabras, acciones, emociones, pensamientos, e incluso con el tono de su voz.

12

Sobreviviendo a un rompimiento: el verdadero amor está en camino

¿Quieres saber cuál es el truco para sobrevivir después de un rompimiento? Tiempo. Lo lamento, sé que querías algún tipo de secreto para ayudarte a superar el increíble dolor que estás sintiendo. Pero la verdad es que aunque sea difícil de ver para ti en este momento, puedes ser feliz y amar a otra persona nuevamente.

Cuando estás en pleno dolor parece imposible que alguna vez vayas a encontrar a alguien más, no crees que exista nadie más ahí fuera que pueda hacerte tan feliz o a quien puedas amar tan profundamente como a tu ex. Pero ese alguien existe. No digo que amarás a esa persona de una manera exactamente igual a como amabas a tu ex, solo digo que puedes amarla tan profundamente como amabas a tu ex. Pero te tomará tiempo llegar a ese punto.

Mientras esperas a que disminuya tu dolor y a que las heridas sanen, hay muchas cosas que puedes hacer que te ayudarán a distraerte, aunque sea un poco, de todo lo que estás sintiendo. Lo que elijas como distracción no sólo tendrá un impacto en lo rápido que progresas, sino que también tendrá un impacto en la persona en la que te conviertes después del rompimiento. Este no es el momento de tomar decisiones precipitadas.

Tómate este tiempo para explorar nuevas opciones. No tienen por qué ser grandes cambios radicales, más bien algo simple, como un corte de cabello distinto. Por supuesto, también puede ser algo grande como aprender una nueva habilidad, volver a estudiar, conseguir un trabajo nuevo, ponerte en forma, visitar otro país, etc. La cuestión es que bien podrías utilizar este tiempo de recuperación para lograr algo que te ayudará a seguir adelante en tu vida.

No cometas el error de arrastrarte en tu dolor y sentir lástima por ti mismo (un poco de eso está bien, especialmente al principio, pero a fin de cuentas necesitas permitirte a ti mismo tener la capacidad de volverte más fuerte). Este no es el momento para encontrar "soluciones instantáneas" para tu dolor, como comer o beber demasiado, o encontrar personas para salir alguna vez. Hacer estas cosas no te ayudará a sanar las heridas para que puedas volver a ser una persona completa, y eso es lo que quieres para la nueva persona que se presente ante ti, cuando sea que llegue a tu vida. Hacer estas cosas hará las veces de un anclaje, y te mantendrá sujeto al lugar en donde estás ahora... lleno de dolor y de arrepentimiento. No deberías querer permanecer ahí si quieres seguir adelante con tu vida.

Sobrevivir a un rompimiento es algo a lo que todos nos tenemos que enfrentar en un momento u otro, y no hay ninguna manera fácil o rápida de hacerlo. Cuando pierdes a alguien amado, duele... y mucho. El truco es tratar de encontrar cosas positivas para hacer que puedan mantener tu mente ocupada mientras estás sanando. No te olvidarás completamente del dolor, pero podrías llegar a ser capaz de suprimir lo peor de ese dolor de vez en cuando y darte un merecido respiro.

Cómo superar el rompimiento con alguien a quien amas: tú puedes

Ya hemos visto que atravesar un rompimiento nunca es una experiencia agradable. No importa de qué lado del mismo estás, y no importa qué tan amistoso pareció ser; sigue siendo el fin de una relación. Sin importar por cuánto tiempo estuvieron juntos, tuvieron el tiempo suficiente como para generar sentimientos reales por la otra persona, y ahora quieres saber cómo superar el haber terminado con alguien a quien todavía amas. Seré honesta; no siempre será fácil, pero es posible.

Antes de que empecemos a ver los pasos específicos que debes tomar para olvidar a alguien tras un rompimiento, veamos por qué es tan importante hacerlo. Es importante porque tendrás que seguir adelante con tu vida. Eventualmente conocerás a alguien nuevo (o quizás ya lo hayas hecho). Esa nueva persona en tu vida merece tu amor por completo y no tendría que intentar competir con los sentimientos que todavía tienes por alguien más. Ahora sí, veamos las maneras de olvidarte de tu ex.

Lo primero que deberías hacer es pensar en las ocasiones en las que fuiste tratado miserablemente. ¿Tu ex alguna vez te hizo sentir mal? ¿Alguna vez ignoró intencionalmente tus pensamientos o sentimientos? ¿Fueron abusivos? Este paso puede ser doloroso, pero el objetivo es mostrarte a ti mismo que tal vez no eras amado como pensabas que lo eras. Esto hace que dejar de pensar que merecen tu amor sea más fácil.

También debes darle tiempo al tiempo. Mientras más tiempo pase tras el rompimiento, menos cariño deberías estar sintiendo. Desafortunadamente, a veces sucede lo contrario. Parece que mientras más tiempo estamos separados, más fuerte se hace nuestro amor por la otra persona. No dejes que eso te pase.

Otra cosa que te ayudará a contestar tu pregunta de cómo olvidar o superar a la persona a la que todavía amas, es aceptar que se ha terminado. Tu ex ya ha seguido adelante. Lo que tenían puede haber sido especial, pero habrá alguien más que será aún más especial. Vivir en un mundo de fantasía donde tú y tu ex serán felices nuevamente no te ayudará a devolver tu estado emocional a su estado original. Entonces, lo mejor es aceptar la realidad y seguir con tu vida.

Reenfocar puede ser otro método para superar un rompimiento. Las emociones de una persona pueden estar aceleradas después de una ruptura sentimental. De hecho esto puede amplificar tus sentimientos amorosos. El problema es que esos sentimientos están enfocados en la persona equivocada. Entonces, si puedes cambiar el objetivo de tu amor, esto te ayudará a olvidar a tu ex pareja.

Olvidar a alguien a quien todavía amas puede no siempre ser lo más fácil de hacer, sin duda alguna. Las relaciones son complicadas, y superarlas u olvidarlas lleva su tiempo. Sin embargo, al seguir los consejos arriba expuestos, encontrarás que pronto habrás superado el rompimiento con tu ex, y serás capaz de empezar a vivir tu vida nuevamente. Después de todo, sin importar lo que haya sucedido en el pasado, sigues mereciendo ser feliz.

Cómo recuperarte cuando un chico no te corresponde

Esta es una situación que le sucede a casi todas las mujeres en algún punto de su vida como solteras. Ella se enamora de un chico que no le corresponde sentimentalmente. Esta puede ser una de las experiencias más dolorosas para ella, y podría sentir que nunca será capaz de recuperarse de ello. Sin intención de empequeñecer tu angustia por este asunto, de hecho PUEDES superar esto e iniciar relaciones muy felices en tu vida.

El primer paso para recuperarse de una situación como esta es decidir que realmente *quieres* seguir adelante. Eso mismo; tienes que querer superar tus sentimientos antes de poder utilizar la ayuda que encontrarás aquí. Si has decidido permanecer en tu pozo de lástima, entonces nada va a hacerte feliz nuevamente. Eso es porque has decidido ser miserable por el resto de tu vida por este único hombre que no te correspondió. Por favor piensa en ello por un minuto. Durante sólo 60 segundos considera lo que has decidido hacer y pregúntate a ti misma cuánto sentido en realidad tiene.

Ahora, si estás pensando de una manera más clara y has decidido moverte hacia adelante en tu recuperación, tu próximo paso es simplemente aceptar que lo que tú querías no va a ocurrir. Es posible que ya hayas utilizado todas las estrategias femeninas sobre tu objeto de atracción sin conseguir resultado alguno. Si tener tu cuerpo en perfecta forma física, hacerle algo distinto a tu cabello, maquillarte diferente, y asegurarte de que vea tu nuevo y mejorado cuerpo en el nuevo y seductor bikini que has comprado no dieron resultado, entonces date cuenta que es hora de seguir adelante.

La parte más horrible es cuando te lo encuentras saliendo con una chica que no es ni la mitad de bella de lo que tú eres, y sin embargo él parece estar totalmente enamorado de ella. No te preguntes si hay algo malo en ti. Sólo acepta que tiene gustos para las mujeres con los que tú no coincides, cualquiera sea el motivo.

Lo siguiente que debes hacer es *sentir* todo ese dolor y enojo porque las cosas no funcionaron con ese hombre. Permítete actuar como se te antoje, siempre y cuando te ayude a sacarlo de tu sistema. Si esto significa que tienes que llorar, gritar o romper cosas, hazlo. Sólo asegúrate de que estás arrojando y rompiendo cosas que te pertenecen a ti y a nadie más. Esto podría parecerte un golpe tan fuerte como el de una muerte, aunque seguramente este hombre ni se ha enterado. Sin embargo, tienes derecho a pasar por tu duelo, y eso forma una gran parte de la recuperación.

Una vez que hayas pasado por los pasos anteriores, no evites a la gente. Tus amigas querrán estar ahí para ti, y ayudarte en lo que sea que puedan hacer por ti. Déjalas acercarse. Hará que todas se sientan mucho mejor. Sal con ellas, y cuando estés lista, deja que te presenten a chicos nuevos que ellas "saben" que serán perfectos para ti. ¿Quién sabe? ¡Uno de ellos podría *realmente ser* tu chico perfecto!

Cómo olvidar a alguien que amas

¿Sabes cómo olvidar a alguien que amas? Si has tenido una experiencia profunda y significativa con tu pareja, y la relación se echa a perder, podrías no saber cómo superar esa situación.

Al principio, te sentirás terriblemente herida y sola. Acepta tu dolor, no luches contra él. Invertiste una buena cantidad de tiempo y de energía emocional en tu ex, y eso no sanará de apuro. Está bien llorar. Pregúntales a tus amigos y familiares acerca de cómo manejarían ellos un rompimiento.

Algo útil para hacer en esta etapa es escribir una carta para tu ex. Arrójale todo lo que haya en tu corazón. Habla de tu amor, tus expectativas y tu dolor. Muchas personas encontrarán que esta carta se extiende por varias páginas. Tómate tu tiempo al escribirla.

Y entonces, cuando hayas dicho todo lo que era necesario decir, enrolla la carta y préndele fuego.

Así como lo acabas de leer, pero sea como sea, no le mandes esa carta a tu ex. El propósito de la carta es ayudarte a que expreses tus emociones. Pero tampoco dejes que la carta siga existiendo. Quieres que represente un final simbólico. Quemarla le dará un sentido de finalidad que incluso desecharla normalmente no te proporcionará.

Mientras vas obteniendo un poco de perspectiva acerca de lo que fue la relación, el siguiente paso para olvidarte de alguien a quien todavía amas es analizar qué es lo que sucedió para que todo terminara. Aunque parezca altamente improbable, lo que produjo el rompimiento tal vez suceda con otras relaciones. Si aprendes de tus errores esta vez, para la próxima existe una mayor probabilidad de éxito.

Mantén distancia de tu ex. Eso te ayudará a olvidarlo/a. Tan pronto como se pueda tras el rompimiento, intercambien los objetos que pertenecen al otro pero que todavía tienes contigo, y consigan hacer una separación completa de 30 días. Pónganse de acuerdo en que no se llamarán, ni se mandarán mensajes o correos electrónicos entre sí durante un mes. Esto te dará tiempo como para recuperarte después de la ruptura.

Usa este tiempo para trabajar en áreas de tu vida que habías descuidado. Si has ignorado a tus amigos a causa de tu relación romántica, utiliza este período de tu vida para reconectarte con ellos. Los amigos pueden proporcionar apoyo valioso durante esta etapa.

Comienza a trabajar en tu propia salud física y emocional. Hazte un tiempo para visitar el gimnasio, y considera el ir con un terapeuta para que te pueda ayudar a sanar las heridas del alma.

También deberías evaluar maneras de mejorarte a ti mismo. Únete a un club de excursiones. Toma alguna clase en tu centro comunal local. Toma clases de tango. A medida que trabajas para convertirte en una mejor persona, el dolor que dejó tu anterior relación empezará a desvanecerse.

Conocerás a un nuevo y completo círculo de gente cuando te involucres en actividades que disfrutas. Algunas de estas personas se convertirán en amigas. Y, alguna podría convertirse en tu alma gemela.

¿Y no es acaso la formación de una nueva relación la respuesta definitiva a la pregunta "cómo puedo olvidarme de alguien a quien todavía amo?"

13

Cómo superar un rompimiento para amar nuevamente

Hay muchas películas y canciones tristes que tratan acerca de rompimientos dolorosos, y todos han experimentado ese horrible dolor al menos una vez en toda su vida. Pero si estás buscando cómo superar un rompimiento, no hay mucho consuelo que se te pueda ofrecer. La triste verdad es que lo único que necesitarás para encontrar la felicidad nuevamente, es tiempo. Todo el mundo contiende con sus asuntos de acuerdo a sus propios tiempos, a algunos les llevará más tiempo que a otros, pero a fin de cuentas necesitarás tiempo para afligirte por tu amor perdido, sanar todas las heridas y despejar todas las dudas que el rompimiento haya causado. Sólo entonces puedes ser una persona completa nuevamente, que puede abrirse y amar a alguien nuevamente.

Nuestra sociedad hoy en día vive muy acelerada, y con tantas actividades sucediéndose casi al mismo tiempo, la mayoría de nosotros tiene la capacidad de atención de un mosquito. Esto no cambia cuando queremos librarnos del dolor; queremos que el sufrimiento pare de una vez. Lo más triste es que mucha gente usará los métodos inadecuados para frenar su dolor y terminan causándose todavía más daño, no sólo a sí mismos, sino también a la gente que los ama y se preocupa por ellos.

Es un común cliché que después de un mal rompimiento una persona salga a emborracharse. El problema es que esto no te ayudará a sentirte mejor. Mucha gente no se da cuenta, pero el alcohol es una sustancia que deprime, y solamente intensificará el dolor que sientes. A eso añádele la vergüenza que te provocará al otro día el haber hecho llamadas estando alcoholizado y no solamente eso, sino la resaca que sentirás.

Otro calmante que usa mucha gente al atravesar un rompimiento es un cuerpo caliente... cualquier cuerpo caliente. Algunas personas piensan que si se apuran y salen a buscar gente para tener sexo se olvidarán completamente de su ex (también anhelan secretamente que su ex se entere de esto y se ponga celoso/a). Lo que sucede con esta estrategia, aparte del hecho de que es peligroso y puedes correr el riesgo de lastimar a la nueva persona con la que estás, es que esto tampoco funciona. Tal como tomar demasiado, si sales y conoces a alguien nuevo antes de estar preparado para ello, lo único que harás será comparar a esa persona con tu ex. En vez de quitarte a tu ex de la mente, estarás pensando incluso más en tu pareja, lo que la pone en un pedestal cada vez que lo haces.

Lo mejor que puedes hacer, aunque no sea agradable, es enfrentar tu dolor desde el principio. Esta es la única forma de tratar con el asunto, para que puedas sanar lo suficiente como para poder tener una relación sana en el futuro. Invierte algo de tiempo haciendo cosas que te traigan felicidad, particularmente aquellas cosas para las que no tuviste tiempo cuando tú y tu ex estaban juntos. Esto podría no acelerar demasiado tu proceso de curación, pero te dará algunas de las tan necesitadas distracciones mientras estás sanando, y tendrás muchos menos arrepentimientos cuando estés listo para seguir con tu vida.

A la hora de aprender cómo superar un rompimiento, aprender qué hacer es tan importante, o tal vez incluso más importante que aprender qué es lo que deberías hacer. Sólo recuerda que quieres poder mirar tu propio reflejo en el espejo cuando todo esto haya terminado.

Consejos para ayudarte a seguir adelante

1) ¿Sigues en contacto con tu ex? Entonces la verdad es que para entender cómo puedes superar la pérdida de ese alguien a quien amas debes empezar por romper todo tipo de contacto con él/ella. No tiene sentido seguir hablando con tu ex por teléfono o viéndolo/a socialmente si estás tratando de olvidarlo/a y sigues enamorado de él/ella. Todo lo que estás haciendo es hacer que el dolor que sientes se prolongue y sea más profundo.

2) Sal por ahí y conoce gente nueva. Lo último que quieres hacer es pasar tus días y noches sentado en tu casa solo, pensando en tu ex. Si sales por ahí con amigos entonces te puedes distraer y ocupar tu mente en otras cosas. Sí, probablemente igual tengas que volver a casa solo, pero significa que no estás pasando mucho tiempo a solas en tu estado más vulnerable.

3) Sé bueno contigo mismo. No tengas duda de que ambos, en tu relación anterior, cometieron errores, así que no pierdas el tiempo culpándote a ti mismo por lo que pudiste haber hecho mal. Esto tampoco quiere decir que no deberías aceptar y hacerte responsable por tus propios errores, pero aprende de lo que ha sucedido y toma esa experiencia para tu futuro.

El entendimiento de cómo olvidar a alguien que amas depende de que llegues a un acuerdo contigo mismo, acerca de dónde está tu vida en este momento. Si no te sientes feliz contigo mismo, entonces será algo muy difícil dejar atrás esta última relación.

Piensa en la dirección en la que quieres que vaya tu vida. ¿Estás bien encaminado o estás atascado, moviéndote en la dirección exactamente opuesta?

¿Necesitas elegir una carrera distinta para completar tus objetivos? ¿Tienes que seguir estudiando? ¿Tal vez necesitas un nuevo grupo de amigos con los cuales socializar? ¿Tal vez perder algo de peso y ponerte en forma es lo que necesitas? Sea cual sea el nuevo camino que tengas que tomar en tu vida, necesitas empezar a transitarlo, porque la mayoría de las veces, ¡esa es la respuesta a la pregunta "¿cómo puedo olvidarme de alguien a quien todavía amo?"!

Lo que también es útil recordar y te ayudará es que tienes que aceptar que aunque ames a alguien, esto no necesariamente significa que debes estar con esa persona. Si esa persona no es la indicada para ti, entonces lo mejor que puedes hacer es seguir adelante con tu propia vida.

Cómo usar los sitios web de citas en línea

Las cartas de amor escritas a mano, el tiempo en que regalábamos chocolates, y la época de los largos cortejos han pasado hace tiempo; ya están en los libros de historia. Hoy en día mucha gente prefiere navegar en sitios web en línea. Este tipo de sitios son la forma más nueva y atractiva de conocer gente para salir. Te permiten ver distintos tipos de personalidades de costa a costa con tan sólo unos clics del ratón. Hoy en día eso también puede hacerse con sólo uno de los dedos de nuestra mano, mientras sostenemos el teléfono móvil. De eso se trata el siglo 21: audaz, más elaborado, y más emocionante.

Si tu intención es la de usar alguno de los muchos sitios de citas en línea como parte de tu nueva estrategia para encontrar un nuevo amor, entonces tienes que considerar estas pocas pero importantes facetas que son parte de la mayoría de los sitios de citas en línea:

Tu Fotografía. La mayoría de las veces tu foto de perfil será la responsable de causar la primera impresión de ti en otras personas que estén visitando el sitio del que te has hecho miembro. Siempre usa una foto actual de ti mismo; también es necesario que trates de generar una buena impresión, subiendo las mejores fotos que tengas. Tus fotos deben capturar tu personalidad. Lo mejor es que puedas tener una buena mezcla de fotos con gusto y sinceras, y mucho mejor si son tomadas profesionalmente.

Tu Perfil. Otro gran componente existente en la mayoría de estos sitios es el perfil. Tendrás que determinar qué tipo de información querrás incluir en tu perfil. Es importante que el mismo no se convierta en una aburrida autobiografía. Es mejor si puedes mantener tu perfil liviano, inteligente, e incluso un poco misterioso. Quieres que la otra persona, luego de leerlo, tenga un deseo real por conocerte más y contactarte.

Nunca es una buena idea el poner información falsa en tu perfil sólo con el fin de parecer alguien mejor. Nunca deberías iniciar una relación bajo falsas pretensiones. Recuerda, la sinceridad es tan importante como ser inteligente y misterioso.

Saber lo que atrae al sexo opuesto. La mayoría de las personas que buscan gente en sitios de citas en línea están intentando encontrar a alguien con quien formar una relación adecuada; así que es vital que tengas una idea sobre qué es lo que realmente atrae al sexo opuesto. Al saber esto, puedes adaptar tu perfil para atraerlos.

Las mujeres, en general, están buscando hombres atractivos, maduros, seguros de sí mismos, graciosos, estables e interesantes. También indagan por hombres que tengan una camisa limpia y sin arrugas en sus fotos. Un poco de sentido de la moda podría ser el determinante del éxito con las mujeres.

Los hombres, en general, buscan mujeres que sean sexys, graciosas, inteligentes, seguras de sí mismas, y que sea agradable estar con ellas. Chicas, aunque mostrar sus cuerpos en bikini podría conseguirte muchos más mensajes privados de los que podrías contestar, no es algo recomendable. ¿Realmente quieres que los hombres te busquen únicamente por tu cuerpo? Puedes ser sexy pero también elegante y aun así tener mucho éxito en estos sitios de citas en línea.

Hombres o mujeres, si sus apariencias no son las mejores, no se inquieten. Eso no quiere decir que están condenados. La personalidad puede hacer una gran diferencia. Sólo tendrás que poner algo de esfuerzo adicional en lo que escribes en tu perfil. También recuerda que la belleza se encuentra en los ojos del contemplador. Mientras más gente te vea, más chances tienes de encontrar a alguien que piense que eres alguien perfecto para él/ella y viceversa.

A medida que la nueva era se despliega en cuestión de citas, ¿no te parece que es hora de darle un impulso a tu estrategia amorosa y revisar alguno de los sitios de citas online para unirte?

Aquí te dejo algunos sitios que puedes consultar:

CitaPerfecta.com

CitasWeb.com

ZonaCitas.com

Cómo transformar un amor de larga distancia por Internet en una relación normal

Supongamos que estás conociendo a alguien por Internet y esa persona parece ser lo que necesitas en tu vida, pero vive lejos de ti. ¿Vale la pena invertir tiempo en una relación a larga distancia con esta persona? ¿Y qué pasa si sientes que esta persona es realmente tu alma gemela?

Podrías sorprenderte al ver cuánto puede crecer una relación si trabajas en ella. Si conoces y aplicas algunas sencillas pautas, tu relación puede resultar ser una de las más exitosas y felices relaciones que hayan existido.

La distancia, combinada con teléfonos celulares y la escritura, ya sea electrónica o mediante correo real, puede fomentar una intimidad envidiable, la cual se obtiene como resultado de aprender acerca de las cualidades, valores, maneras de pensar, sensibilidad, sueños y aspiraciones de cada uno. Este tipo de intimidad puede hacer que verse en persona sea mucho más especial.

Y como si las relaciones no fueran de por sí lo suficientemente complicadas, tenerlas a larga distancia puede ser increíblemente desafiante. Sólo lee las siguientes pautas y trata de tenerlas en mente para aplicarlas:

1. La calidad de la relación probablemente aumente si ambas personas desarrollan la habilidad de compartir sus sentimientos abiertamente el uno con el otro. No tengas miedo de decirle a tu

pareja qué es lo que realmente necesitas y quieres de ella, porque esa persona se merece saber la verdad y evaluar si puede proporcionarte lo que necesitas o no.

2. Haz de la relación una prioridad importante. Evita cancelar salidas con tu pareja, o evitar sus llamadas porque estás haciendo otra cosa.

3. Mantente en contacto diariamente. Si las cuentas telefónicas son preocupantes, entonces manda correos electrónicos, cartas, postales o incluso faxes. Y cuando hagas contacto con tu pareja, no te limites a hablar únicamente de amor; manténganse informados el uno al otro acerca de los aspectos diarios de la vida de cada uno. De esta manera ambos tendrán idea de cómo está pensando, sintiendo y desarrollándose en la relación la otra persona. Las charlas nocturnas y las cartas bien pensadas pueden expresar mucho acerca de lo que es más importante a largo plazo: tus metas, valores y sueños.

4. Estate preparado para ser flexible. Dile a tu pareja cuánto piensas en ella y cuánto la amas, y anotarás algunos puntos importantes a tu favor. Hacerte extrañar más llenará a tu pareja con la constante necesidad de verte. Pero no seas posesivo. Ser paranoico y acusador simplemente incrementará las dudas, la inseguridad y la tensión entre tú y tu pareja, y nada de eso ayudará a que la relación se desarrolle exitosamente.

Si tu pareja realmente quiere estar contigo, entonces no van a querer esperar una eternidad para encontrarse. Mientras ambos confíen el uno en el otro, se informen acerca de sus vidas personales, y se mantengan en contacto, su vínculo se puede convertir en una relación feliz y normal.

A fin de cuentas, tener una relación fabulosa es tu objetivo - ¿verdad?

Las relaciones de amor mixtas

El amor mixto es un ejemplo fantástico de cómo el amor verdadero conquista todo a medida que rompe las limitaciones y se eleva por encima de la discriminación, alienación y la desaprobación. Ahora más que nunca, el siglo 21 está viendo a parejas interraciales salir, vivir juntos y casarse. A medida que pasan las décadas, los tabúes innombrables del amor mixto están siendo colocados en los libros de historia y enterrados con las generaciones más viejas.

No hay razón alguna por la cual alguien debería limitarse a experimentar salir únicamente con personas de su propio grupo étnico, cuando tantos otros romances increíbles y gratificantes están ahí afuera esperando ser descubiertos.

Te puedes estar preguntando cómo, si eres negro, blanco, latino, europeo, asiático, etc., podrías conectarte y salir con otras personas con trasfondos culturales diferentes, especialmente si no tienes ni la más mínima idea de cómo podrías acercarte a alguien más sin sentirte extraño o incómodo con esa persona.

Por ejemplo, Love Empire (LoveEmpire.net) es una comunidad de citas en línea que te permite armar un perfil y buscar a otras personas que tengan intereses similares a los tuyos. Desde luego que no todas las personas que conozcas te van a interesar, pero al menos con una comunidad de citas en línea puedes buscar citas potenciales de acuerdo a tus propios términos, sin tener que preocuparte por las interferencias de nadie más. Esto te proporciona la oportunidad excepcional de experimentar romances mixtos, que podrían ser justo lo que estás buscando si te desenvuelves inteligentemente, eres honesto con tus sentimientos y disfrutas de la compañía de tu cita.

Por supuesto, como con todas las personas que conoces, siempre hay riesgos involucrados, y siempre va a haber alguien que no apruebe tu relación, especialmente si estás saliendo con alguien de otro trasfondo étnico. Pero siempre que te tomes tus citas con calma, y descubras qué tanto te importa realmente la otra persona, no hay razón por la cual no puedas superar cualquier desafío que se presente.

Sin duda alguna, las relaciones amorosas mixtas tienen una cierta chispa especial que no puede ser capturada por ningún otro emparejamiento cultural. Y no es porque las relaciones multiculturales sean rebeldes, formadas para demostrar algo como en los 60 o consideradas como de última moda como en los 80; al contrario, las relaciones interraciales hoy en día son un signo de la nueva era que demuestra que no necesitas ser de determinado color o género para encontrar al amor, solamente necesitas conocer a la persona correcta.

Con cerca de dos millones de matrimonios interraciales en los Estados Unidos, es evidente que las personas no ven sus diferencias culturales como un impedimento para enamorarse. Estas proporciones están en aumento, y están llamando mucho la atención de científicos sociales, vendedores y políticos. Determinar las razones que originan estas tendencias crecientes hacia las relaciones multiculturales ayudará a predecir mejor la estructura de la sociedad en el futuro.

Aunque las parejas multiculturales todavía encuentran racismo y prejuicios en el mundo moderno, las cosas están mucho mejor de lo que en algún momento fueron. Antes de la legalización del matrimonio interracial en 1967, negros y blancos no podían casarse legalmente, y los niños de raza mestiza eran considerados como monstruosidades. Durante los últimos cuarenta años, la respuesta social ante la legalización de las relaciones multiculturales ha sido un incremento de diez veces en el número de casamientos multiculturales. Buena parte del público obviamente aprobó este cambio.

El incremento de la inmigración también ha sido un factor significativo en las tendencias crecientes de las relaciones multiculturales. Tasas crecientes de inmigraciones desembocan en poblaciones de minoría crecientes en muchas ciudades grandes, ofreciendo un espectro totalmente nuevo al proceso de selección de las citas.

La inmigración permite que ocurra una sana mezcla racial en muchas comunidades, resultando en una desensibilización social hacia las diferencias étnicas y culturales, y una aprobación aumentada de las relaciones de razas mixtas. Además de esto, muchas personas encuentran las características físicas de otras razas muy atractivas. Entonces, la creciente aprobación de las relaciones mixtas está ayudando a romper las barreras sociales que antes prevenían la formación de muchas relaciones.

Los medios de comunicación han promovido relaciones multiculturales mediante el poder de los modelos a seguir. Celebridades como Tiger Woods y Mariah Carey (productos de relaciones de raza mixta) son modelos populares a seguir que apoyan la belleza y el talento de las personas multirraciales. "Jungle Fever" (Fiebre de Jungla, 1991) y "Guess Who?" (conocida como "Adivina quién" en España y "Conquistando a mi suegro" en México, 2005) son películas de moda que muestran el lado humorístico de las citas interraciales. Mientras las películas de hecho se burlan de las diferencias culturales, muestran eficazmente que las citas interraciales están bien.

Para mantener la aceptación exitosa de las relaciones culturales, la sociedad debería elevar su percepción de los estereotipos raciales y la discriminación. A medida que las personas se vuelven más conscientes de las injusticias raciales, es menos probable que crean en ellas. Es algo seguro que el número de relaciones multiculturales va a seguir aumentando, ya que las parejas multirraciales generan niños de raza mixta. Debido a su complejidad étnica, hay una muy buena probabilidad de que los niños de raza mixta terminen casándose con alguien de un trasfondo cultural distinto a ellos. Gracias a los cambios en la sociedad, las relaciones multiculturales perdurarán.

Libro gratis

Esta selección incluye cartas de amor reales escritas por personas enamoradas de diferentes lugares de Latinoamérica. Espero que puedan servirte de inspiración cuando te toque escribir tu próxima carta de amor.

Descárgalo desde Editorialimagen.com – Puedes ingresar al sitio y buscar "Selección de las mejores cartas de amor" o escribir este link en tu navegador:

http://editorialimagen.com/dd-product/seleccion-de-las-mejores-cartas-de-amor/

Estimado Lector

Nos interesan mucho tus comentarios y opiniones sobre esta obra. Por favor ayúdanos comentando sobre este libro. Puedes hacerlo dejando una reseña en la tienda donde lo has adquirido.

Puedes también escribirnos por correo electrónico a la dirección info@editorialimagen.com

Si deseas más libros como éste puedes visitar el sitio de **Editorialimagen.com** para ver los nuevos títulos disponibles y aprovechar los descuentos y precios especiales que publicamos cada semana.

Allí mismo puedes contactarnos directamente si tienes dudas, preguntas o cualquier sugerencia. ¡Esperamos saber de ti!

Más libros de interés

Cómo Recuperar a tu Pareja - Guía práctica para reconquistar a tu ex

En este libro descubrirás cómo volver con tu ex sin perder tu cabeza ni tu dignidad en el intento.

Si quieres saber cómo llegué a conquistar nuevamente a mi ex ignorando el consejo de otras personas y si quieres saber cómo tengo ahora una relación estable y feliz, luego de tres años de nuestra separación, este libro es para ti.

Historias Reales de Amor - Anécdotas verídicas de hechos románticos contemporáneos

Las historias que se exponen a continuación son todas reales. Historias llenas de emoción, pasión, desengaños, reencuentros, y todo lo que te puedas imaginar, y lo que no, en una relación amorosa real.

Divorcio - Cómo Salir Adelante – Una guía práctica para reconstruir tu vida después del divorcio.

En este libro encontrarás información valiosa sobre cómo mejorar tu vida después del divorcio.

No hay duda sobre el hecho de que el divorcio puede ser muy difícil, pero uno de los aspectos más difíciles es la reconstrucción de tu vida luego de este hecho.

Cómo Encontrar Pareja en Internet - Y Mantener una Relación Feliz y Duradera.

Relacionarse a través de la red puede parecer la cosa más simple del mundo, pero la realidad indica que no lo es. Debe ser tomado con seriedad si pretendemos obtener buenos resultados.

Alcance Sus Sueños - Descubra pasos prácticos y sencillos para lograr lo que hasta ahora no ha podido

Este libro ha sido escrito con el propósito de ayudarle a alcanzar aquellas metas que todavía no ha logrado y animarle a seguir luchando por aquellos sueños que está persiguiendo.

He dividido esta obra en 6 capítulos pensando cuidadosamente en todas las áreas involucradas en el proceso de alcanzar nuestras metas y lograr nuestros sueños.

El Arte De Resolver Problemas - Cómo Prepararse Mentalmente Para Lidiar Con Los Obstáculos Cotidianos

Todos tenemos problemas, todos los días, desde una pinchadura de llanta, pasando por una computadora que no enciende a la mañana o las bajas calificaciones de un hijo en el colegio. Sin embargo, debe prestar atención a sus capacidades para ser cada vez más y más efectivo.

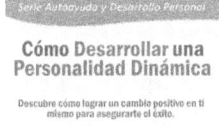

Cómo Desarrollar una Personalidad Dinámica - Descubre cómo lograr un cambio positivo en ti mismo para asegurarte el éxito

La actitud correcta no sólo define quién eres, sino también tu enfoque y el éxito que puedas llegar a alcanzar en la vida.

En este libro aprenderás los secretos de las personas altamente efectivas en su negocio, cómo desarrollar una actitud positiva para tu vida familiar y tu profesión, cualquiera que esta sea.

El Fabuloso Poder Del Pensamiento Positivo - Cómo Manejar Los Momentos Frustrantes Y Convertir Las Dificultades En Un Entorno Productivo

El pensamiento positivo desempeña un papel muy importante en la vida. Una persona que piensa positivo acabará teniendo una vida más efectiva que alguien que piensa negativamente.

Un pensador positivo será capaz de permanecer optimista en cualquier situación que enfrente. Eso es porque no vive ni se estanca en lo negativo.